工商管理案例辞典

BUSINESS ADMINISTRATION CASE DICTIONARY

胡海波 ◎ 编著

 经济管理出版社
ECONOMY & MANAGEMENT PUBLISHING HOUSE

图书在版编目（CIP）数据

工商管理案例辞典/胡海波编著 . —北京：经济管理出版社，2021.8
ISBN 978 - 7 - 5096 - 8199 - 2

Ⅰ. ①工…　Ⅱ. ①胡…　Ⅲ. ①工商管理—案例　Ⅳ. ①F243

中国版本图书馆 CIP 数据核字（2021）第 157357 号

组稿编辑：杜　菲
责任编辑：杜　菲
责任印制：黄章平
责任校对：陈　颖

出版发行：经济管理出版社
　　　　　（北京市海淀区北蜂窝 8 号中雅大厦 A 座 11 层　100038）
网　　　址：www. E - mp. com. cn
电　　　话：（010）51915602
印　　　刷：唐山昊达印刷有限公司
经　　　销：新华书店
开　　　本：787mm×1092mm/16
印　　　张：15
字　　　数：330 千字
版　　　次：2022 年 1 月第 1 版　　2022 年 1 月第 1 次印刷
书　　　号：ISBN 978 - 7 - 5096 - 8199 - 2
定　　　价：88. 00 元

前　言

党的十八大以来，中国特色社会主义进入新时代，伴随新一轮科技革命和产业革命的加速演进，中国经济发展的成就全球瞩目，为培育商科人才、构建管理理论提供了丰富实践和土壤。2020年8月24日，习近平总书记在中南海主持召开的经济社会领域专家座谈会中指出，"时代课题是理论创新的驱动力"，希望广大理论工作者"从国情出发，从中国实践中来、到中国实践中去，把论文写在祖国大地上，使理论和政策创新符合中国实际、具有中国特色"。

在赓续育人使命、诠释并建设中国特色、中国风格、中国气派的管理理论上，教学案例是还原管理实践、用理论解读实践的重要载体，案例教学是联系理论与实践、培养商科人才的特色教学方法，案例研究是剖析管理实践、从实践中提炼理论的有效研究方法。随着工商管理案例的广泛应用和推广，以工商管理案例为核心的案例研究、案例教学以及教学案例快速得到国内学者及企业界人士的认同及应用，一批诠释案例教学和案例研究方法的书籍涌现，但是，国内还没有一本整合案例教学、教学案例及案例研究三方面内容，聚焦工商管理领域，系统介绍案例基础概念、能够方便读者快速掌握案例相关知识的辞典书籍。基于此，本书选取自1920年至2020年国内外代表性期刊和相关出版书籍中与工商管理案例有关的名词术语，整合归纳出条目及其解释，以供从事工商管理案例研究和案例教学的人员和初学者查阅学习。全书共设202个条目，长短条目相结合，其中，长条目一般不超过1000字，短条目一般不少于100字，条目设计具有层次性。

《工商管理案例辞典》一书分为三篇，分别是案例总论篇、教学案例与案例教学篇、案例研究篇。案例总论篇针对工商管理案例的基础条目进行解释。涵盖工商管理案例的定义、类型、方法等的名词及其内涵。教学案例与案例教学篇，既针对教学案例的基础定义和开发过程等内容展开，又针对案例教学的基础定义、步骤和方法展开。案例研究篇针对案例研究的基础定义、研究方法等内容展开。每个条目都包含条目解释、关联条目及参考文献三个模块，部分关键条目还增加了推荐阅读以帮助读者理解。

　　本书适于开展工商管理案例教学和案例研究的初学者查阅学习，也适于具有一定管理理论知识的企业中高层管理人员深入学习。

　　本书的成稿和出版是对工商管理案例研究和教学方法的一次梳理，能为读者走近工商管理案例研究和案例教学经幡导航是本书的目标。同时，我们也清晰地认识到，本书不可避免地存在不足，但出版不等于结束，唯有在今后继续完善和弥补本书的不足，望读者理解与包涵，也欢迎各位读者给予批判指正。

　　本书的出版得益于众多人的共同努力。本书的具体编撰由江西财经大学的胡海波等执笔，其中，胡海波主要负责统领确定本书的总体框架与写作布局等，卢海涛、毛纯兵、费梅菊、余钒、王怡琴、刘晨等参与了全书的资料整理和文字校核工作。

目 录

案例研究篇

案例总论篇

◆ 案 例 （Case）

不同学科领域对案例的解释不尽相同。在医学领域，案例与病例画上等号，其内容包含患者的诊断症状、诊断过程及治疗的过程记录等。案例在教育领域是指客观地摹写已发生或持续进行中的教学教育事件，并转化为案例故事以表现出学生和教师的典型行为、感情、思想。在管理领域，案例记录了企业决策过程或发展过程中实际面临的管理问题（Gragg，1954）。

美国哈佛大学（Harvard University）最早将案例引入课堂教学并开创了采用案例的教学方法。哈佛商学院院长盖伊（Gay）在 1908 年学院成立不久时，就曾提出区别于传统授课而采取学生间相互讨论交流的教学方式，这也是早期将案例用于教学的思想萌芽。1910 年，哈佛医学院和法学院的教师首次将案例作为传统教学方式的有效补充。之后，哈佛商学院正式将案例引入管理领域。20 世纪 80 年代初，案例教学首次被引入中国。

哈佛商学院将案例视为"从现实经验中培育独立思维的工具"（朱方伟等，2014），因此十分强调案例要包含企业管理实践中的"管理观点"，通过案例实现"知"与"行"的有效结合（李高勇和毛基业，2014）。为了保证案例作为工具的效果，毅伟商学院细化了案例的内容，提出案例是对实际情况的描述，通常包含了一个组织中某个人或某些人遇到的决策、挑战、机遇、问题或者争论。因此从内容上看，案例是对企业真实管理情况的再现，而且是围绕着特定的事件和情境而展开的。

管理案例取材于企业管理的实践，运用在管理教学和研究等相关领域（朱方伟等，2014）。根据案例的属性和作用差异，何志毅（2008）将管理案例划分为教学案例、研究案例、商业案例三类。

以上三类管理案例均具有三个基本特点：一是案例以事实为依据，贴近管理实践，建立在客观且真实的素材上（Yin，2014）；二是案例中必须包含管理问题（周春柳等，2017）；三是案例的形成是经过企业许可的。

案例研究应该选取"有趣"的案例，一般来说，这类案例大都具备以下三个特征：一是无法从现有理论获得充分解释或被认为几乎不可能发生；二是案例现象具有一定的极端性，所表现出的结果往往是反直觉的或出乎意料的；三是能够为以往没有研究过的现象提供启示（李高勇和毛基业，2014）。

【关联条目】

教学案例、案例研究

【参考文献】

［1］何志毅．北大案例经典［M］．北京：中信出版社，2008.

［2］Yin R K. Case study research：Design and methods（5rd edition）［M］．Los Angeles：Sage Publications，2014：60－61.

［3］钱明辉，李天明，舒诗雅，徐志轩．教学案例开发框架模型的构建及其应用［J］．管理案例研究与评论，2018，11（2）：210－220.

［4］周春柳，胡芬，刘晓冰．管理案例资料及其收集方法研究［J］．管理案例研究与评论，2017，10（3）：327－338.

［5］朱方伟，孙秀霞，宋昊阳．管理案例采编［M］．北京：科学出版社，2014.

［6］Gragg C I. The Case Method at the Harvard Business School［M］．New York：McGraw－Hill，1954.

［7］李高勇，毛基业．案例选择与研究策略——中国企业管理案例与质性研究论坛（2014）综述［J］．管理世界，2015（2）：133－136，169.

◆教学案例（Teaching Case）

教学案例是真实、有待剖析的典型事件，既不同于事先将教学思路设想好的教学设计或教案，也区别于以议论为主要表达方式的论文。教学案例的本质在于"便利教学"，既便于老师"教"，也利于学生"学"（钱明辉等，2018）。

教学案例的目的是让案例使用者通过案例分析，理解或掌握一两个管理学科的知识点，并在掌握理论知识点的基础上进一步联系实际，提升分析与解决管理决策问题的能力（吕承文和丁远，2017）。

学者们对教学案例的特征达成了共识。第一，兼具真实与典型性，教学案例呈现了真实且完整的故事，这类故事蕴含了具体的管理知识，对同类问题的解决具有启发（钱明辉等，2018）。第二，兼具情境性与问题性，教学案例是情境化的，与具体的地点、时间、人物和学科知识紧密结合。同时，在情境化的案例故事中包含了没有明显正确答案的问题，供学生思考（Shulman，1987）。第三，理论性。教学案例必须通过对问题的分析使学生掌握一定的理论知识（冯茹和于胜刚，2019）。

根据问题性质、案例功能及知识覆盖面，可将教学案例分为不同类型，具体如表1-0-1教学案例类型划分所示。

表 1-0-1 教学案例类型划分

划分标准	具体类型	特征表达
问题性质	描述型案例	按照时间先后顺序描述事件的发生、发展及其结果等
	决策型案例	描述决策者面临的困境及其解决措施等
案例功能	原型案例	例证理论原理
	先例案例	捕捉并传递实践原理
	寓言案例	传达规范与价值
知识覆盖面	专业型案例	涉及管理中的某一个知识领域，涉及的概念和理论的覆盖面较窄
	综合性案例	涉及管理中的某多个知识领域，涉及的概念和理论的覆盖面较宽

教学案例开发受到国内外学者的广泛兴趣。教学案例发表的渠道不断得到延伸。国内以"全国百篇优秀管理案例"评选为主要载体，鼓励高校教师开发具有原创性的教学案例。国际知名案例库，如毅伟和哈佛案例库，代表了教学案例的最高标准。目前，国内教学案例与国际教学案例在形式与内容上仍具有一定的差异，表 1-0-2 比较了"全国百篇优秀管理案例"和毅伟案例之间的差异。

表 1-0-2 "全国百篇优秀管理案例"和毅伟案例比较

维度	全国百篇优秀管理案例	毅伟案例
开发导向	竞赛	实用
案例篇幅	长	短
案例类型	描述型、决策型	决策型
正文风格	可读性	客观性
问题设计	全面	聚焦
理论知识	前沿	经典
分析重点	理论解读	问题解决

【关联条目】

教学案例的类型、案例教学的类型

【推荐阅读】

哈佛商业出版社（HBP），https：//hbsp. harvard. edu/home/
毅伟案例中心（Ivey），https：//www. iveycases. com/Default. aspx
中国管理案例共享中心（CMCC），https：//www. cmcc-dut. cn/
中国工商管理案例库，http：//www. ecase. com. cn/#/lib/c？did=6
中国工商管理国际案例库，https：//cn. ceibs. edu/

中国专业学位案例中心（CPCC），https：//case. cdgdc. edu. cn/index/enterInd-ex. do

【参考文献】

［1］冯茹，于胜刚. 面向教育硕士培养的教学案例开发：困境与路径［J］. 中国高教研究，2019（6）：94 - 99.

［2］吕承文，丁远. 案例教学再思考：内涵、设计及实践［J］. 扬州大学学报（高教研究版），2017，21（2）：85 - 89.

［3］钱明辉，李天明，舒诗雅，徐志轩. 教学案例开发框架模型的构建及其应用［J］. 管理案例研究与评论，2018，11（2）：210 - 220.

［4］苏敬勤，孙源远. 商业案例、教学案例和案例研究的关系［J］. 管理案例研究与评论，2010，3（3）.

［5］Shulman L S. Knowledge and teaching：foundations of the new reform［J］. Harvard Educational Review，1987（57）：1 - 22.

◆案例教学（Case – based Teaching）

案例教学是指以案例为主要教材，以讨论为主要形式，在授课教师的运作与指导下，围绕启发思考题展开分析与讨论，以达到教学目标的一种实用性教学方法（喻问琼，2011；刘录护和扈中平，2015）。与传统教学相比，案例教学围绕教学大纲要求的教学目的，基于案例提供的素材和启发思考题，围绕 1 ~ 2 个核心知识点展开讨论，以使学生掌握基本理论知识。更为重要的是，案例教学创造了一种探索性学习、自主学习、研究性学习与合作学习的开放互动式学习氛围（刘刚，2008）。所使用的素材大多来自企业管理实践中遇到的问题，学生在讨论过程中可结合自身实践经验与判断，对管理问题表达自己的观点见解，做出合理的决策，这对提升学生分析和解决问题的能力大有裨益（周序和刘周灵润，2020）。

哈佛法学院作为案例教学（也被称作判例教学法）的起源之地，最初将法庭判决审理的案件用作案例进行教学。之后，哈佛医学院在进行案例教学的过程中运用临床病例学会议与临床实践两种形式大获成功。最终，哈佛商学院于 1921 年正式开始推行案例教学，为保障案例研究与开发工作的进行还成立了商业研究处（王玉东，2004）。经过一个多世纪的发展完善，案例教学在商学、医学、法学等许多学科中对于人才的培养锻炼发挥了非常重要的作用。中国教育界在 20 世纪 90 年代积极推广案例教学法。

案例教学具有明显的教学效果。第一，有助于学生创新意识的形成。案例教学重视发挥学生在教学互动过程中的自主性、主动性与主体性，同时也重视引导学生对案例进行分析并运用理论解决实践问题（陈慧荣，2014）。学生在整个学习过程中要学会收集各方面的详细资料与信息，并对资料进行梳理分析，这不仅能够持续促进学生思维的深化，而且在反复找寻多种解答和核验的过程中，学生能够形成思维创造能力。第二，有助于学生分析和解决问题能力的提升。案例教学方式不同于传统的注入式教学，而是一种开放的、动态的教学方式（Louis 和 Barnes，1987）。在案例教学过程中，学生往往处于案例的特定情境中，在复杂多变的环境形势下做出判断与决策，这也在无形中提高了学生综合运用经验和知识分析和解决问题的能力。第三，有助于学生沟通交流和互助合作能力的提升。案例教学是群体性的活动，一般需要通过小组合作和沟通完成（Armstrong 和 Mahmud，2008）。在试图说服他人的观点以及聆听他人建议的过程中能提升学生人际关系处理的能力。

【关联条目】

案例、教学案例

【参考文献】

［1］喻问琼. 案例教学法在实践运用中的问题及对策［J］. 教育理论与实践，2011（21）：46 – 47.

［2］刘刚. 哈佛商学院案例教学作用机制及其启示［J］. 中国高教研究，2008（5）：89 – 91.

［3］刘录护，扈中平. 教师教育中的案例教学：理念、案例与研究批判［J］. 教师教育研究，2015，27（3）：79 – 85.

［4］周序，刘周灵润. 如何认识案例教学？——关于"案例教学法"提法的思考［J］. 中国教育学刊，2020（4）：74 – 78.

［5］陈慧荣. 案例教学的方法论基础——以公共管理教学为例［J］. 中国大学教学，2014（9）.

［6］王玉东. 案例教学：哈佛商学院 MBA 教育的基本特征［J］. 大学教育科学，2004（3）：87 – 89.

［7］Barnes L B，Christensen C R，Hansen A J. Teaching and the Case Method（Third Edition）［C］. Harvard Business School Press，1987.

［8］Armstrong S J，Mahmud A. Experiential learning and the acquisition of managerial tacit knowledge［J］. Academy of Management Learning and Education，2008，7（2）：189 – 208.

◆案例研究（Case Study）

案例研究因其对管理理论构建的特殊作用（Eisenhardt，1989），被认为是组织管理研究的基本方法（Berg，2001）。案例研究能获得更丰富、详尽的数据，分析过程也更聚焦化（吕一博等，2015；杨朦晰等，2019），在学术界、企业界等产生了深远的影响。案例研究的典型定义如表1-0-3所示。

表1-0-3　案例研究的定义

学者	定义
Yin（2014）	一种实证研究，它在不脱离现实生活环境的情况下研究当前正在进行的现象，且待研究的现象与其所处环境背景之间的界限并不明显
Eisenhardt（1989）	一种研究策略，其焦点在于理解某种单一情境下的动态过程
Sommer（1999）	一种对单个实例或某种情境进行的深入、详细的调查。当然，一个以上的案例也可以在同一时间内进行
Pan和Tan（2011）	能深度剖析事物发展的复杂过程，通过分析企业历史进程中的诸多人物、事件及其中蕴藏的关系、结构和逻辑，能再现已经发生的所有里程碑事件及其前因后果，这对于剖析组织或事件的发展历程、发展现有管理理论是最深刻、有效的方法
欧阳桃花（2004）	通过典型案例详细地描述事物（案例）的现象是什么、分析其为什么，并从中发现或探求事物的一般规律和特殊性，推导出研究结论或新的研究命题的一种研究方法
吴金希和于永达（2004）	通过对一个个案例进行调查、研究、分析、概括、总结而发现新知的过程。从哲学范畴上说，人们对相对小的样本进行深度调查、归纳、总结现象背后的意义和基本规律，案例研究方法属于解释主义的范畴；从论证方法角度看，案例研究又属于实地研究方法（Field Research），是一种实证研究

【关联条目】

案例、教学案例、单案例研究、多案例研究、案例研究范式、质性研究、定性比较分析、混合研究方法

【参考文献】

[1] Pan S L, Tan B. Demystifying case research：A structured – pragmatic – situa-

tional（SPS）approach to conducting case studies ［J］. Information and Organization，2011，21（3）：161 – 176.

［2］Yin，R. K.，Case study Research：Design and Methods（5rd edition）［M］. Los Angeles：Sage Publications，2014：21.

［3］吕一博，刘泉山，马晓蕾，胡芬，王淑娟. 工商管理案例开发现状及撰写规范性研究［J］. 管理案例研究与评论，2017，10（2）：209 – 224.

［4］欧阳桃花. 试论工商管理学科的案例研究方法［J］. 南开管理评论，2004（2）：100 – 105.

［5］潘善琳，崔丽丽. SPS 案例研究方法［M］. 北京：北京大学出版社，2016.

［6］吴金希，于永达. 浅议管理学中的案例研究方法——特点、方法设计与有效性讨论［J］. 科学学研究，2004（S1）：105 – 111.

［7］杨朦晰，陈万思，周卿钰，赵蕾. 20 年中国管理案例研究回顾与展望［J］. 管理案例研究与评论，2019，12（5）：449 – 463.

［8］Berg B L. Qualitative research methods for the social sciences ［M］. Boston：Pearson Education Company，2001.

［9］Eisenhardt K M. Building theories from case study research. ［J］. Academy of Management Review，1989，14（4）：532 – 550.

［10］Sommer B，Sommer R. A practical guide to behavioral research：Tools and techniaues ［M］. New York：Oxford University Press，1991.

◆商业案例（Business Cases）

商业案例是对企业管理实践的直观描述，尤其关注管理实践活动的逻辑关系，对其他企业具有一定的借鉴价值。当企业管理实践的理念、实践方式对其他企业具备借鉴意义时，才有可能成为成功的商业案例（苏敬勤和孙源远，2010）。

商业案例是案例研究的基础，与教学案例、案例研究论文有一定的联系与区别。一般来说，商业案例旨在揭示管理现象、教学案例旨在基于管理现象的分析传授管理知识、案例研究旨在构建管理理论（周春柳等，2017；苏敬勤和孙源远，2010）。商业案例注重对企业管理实践的真实记录，对企业在实践活动中遇到的问题进行有效梳理。所以，商业案例可作为教学案例的案例原型与案例研究论文的数据来源（苏敬勤和孙源远，2010），如图 1 – 0 – 1 所示。

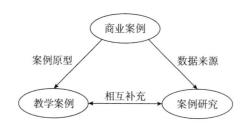

图 1 - 0 - 1　商业案例、教学案例与案例研究的关系

资料来源：根据苏敬勤和孙源远（2010）观点整理。

当然，商业案例通过对管理现象的描述，也蕴含了现象背后的管理知识，可能是某一管理理论，也有可能是某一具体的管理知识点（苏敬勤和孙源远，2010）。

【关联条目】

案例、教学案例、研究案例

【参考文献】

[1] 苏敬勤，孙源远. 商业案例、教学案例和案例研究的关系 [J]. 管理案例研究与评论，2010，3（3）.

[2] 周春柳，胡芬，刘晓冰. 管理案例资料及其收集方法研究 [J]. 管理案例研究与评论，2017，10（3）：327 - 338.

教学案例与案例教学篇

教学案例的类型

◆ 视频案例（**Video Case**）

视频案例是指借助超媒体呈现案例信息，从而引导学生分析与讨论的教学案例（鲍建生，2003）。其中，超媒体是一种非线性系统，即采用非线性、非时序性的方法取得案例资料。学生可以依据需要在各个节点（内容）之间跳跃，来回触发所需要的数据库，因此它是一种直接触接数据库的方式。

视频案例最大限度地发挥了超媒体的优势，可将文字（文章）、图画、照片、投影片、幻灯片、音频、视频等融入教学中，营造了更加多元的教学环境。具体而言，视频案例具有三大优势：一是提供真实可信的课堂情境，视频案例所提供的是"不加修饰"的课堂情境，有助于学生快速形成对事件的看法（鲍建生，2003）；二是提供丰富的教学资源，相较于文本案例，视频案例拥有更广阔的资源库（赵曙明和于静静，2012）；三是有助于呈现内隐知识，视频案例能将知识嵌入案例背景中（Zhang 等，2011）。

视频案例的类型包括微型视频案例（Characteristics of Mini Video Case）和体验式视频案例（Experiential Video Case）。

视频案例的使用有两大原则，即分段原则和有序原则。

分段原则（Principle of Segmentation）指在课程上播放视频案例时应分段展示，通过分段呈现的时间间隔给予学生刷新心智资源的时间（Mayer 和 Moreno，2003）。此外，由于定义模糊的问题对学生认知及元认知的要求更高，时间间隔能够为理解这类问题提供空间，因此，为了保障视频案例的使用效果，提高学生解决问题的能力，课堂上应该分段播放视频案例（赵曙明和于静静，2012）。

有序原则（Principle of Order）指有序地呈现视频案例中的信息（赵曙明和于静静，2012）。由于同一视频信息在不同视角或情境会存在理解的差异，因此，基于认知灵活性理论（Cognitve Flexibility Theory）（Spiro et al.，2003），为深化多维理解的能力，并促进知识的灵活迁移运用，通过分层、有序的方式来呈现复杂的视频案例信息是有必要的。Kale 和 Whitehouse（2012）通过实证研究进一步验证了视频案例教学中有序原则的运用效果，并发现教师对视频案例中管理问题解决的视角，应该在相关的课堂视频之后有序地呈现。

【关联条目】

微型视频案例、体验式视频案例

【推荐阅读】

《设客网：建筑设计的共享平台能否异军突起》，中国专业学位案例中心（经管类教学示范案例）

《甩挂构筑现代物流新格局——整合碎片化资源实现企业传统业务升级跳》，中国专业学位案例中心（经管类教学示范案例）

【参考文献】

［1］鲍建生．课堂教学视频案例：校本教学研修的多功能平台［J］．教育发展研究，2003（12）：18 – 22.

［2］陈维维，李艺．移动微型学习的内涵和结构［J］．中国电化教育，2008（9）：16 – 19.

［3］顾小清．终身学习视野下的微型化移动学习资源建设［M］．上海：华东师范大学出版社，2011.

［4］吴祥恩．移动学习背景下微型视频案例与其创新应用［J］．中国电化教育，2012（6）：73 – 77.

［5］赵曙明，于静静．视频案例教学在管理学课程教学中的应用探析［J］．管理案例研究与评论，2012，5（4）：315 – 322.

［6］赵征，朱文清．体验式视频案例的开发与教学应用研究［J］．管理案例研究与评论，2013，6（2）：155 – 164.

［7］Kale U，Whitehouse P. Structuring video cases to support future teachers' problem solving［J］. Journal of Research on Technology in Education，2012，44（3）：177 – 204.

［8］Mayer R E，Moreno R. Nine ways to reduce cognitive load in multimedia learning［J］. Educational Psychologist，2003，38（1）：43 – 52.

［9］Merseth K K. The early history of case – based instruction：Insights for teacher education today［J］. Journal of Teacher Education，1991，42（4）：243 – 249.

［10］Spiro R J，Collins B P，Thota J J，et al. Cognitive flexibility theory：Hypermedia for complex learning, adaptive knowledge application, and experience acceleration ［J］. Educational technology, 2003, 43（5）: 5 – 10.

［11］Zhang M, Lundeberg M, Koehler M J, et al. Understanding affordances and challenges of three types of video for teacher professional development ［J］. Teaching and Teacher Education, 2011, 27（2）: 454 – 462.

◆微型视频案例 （**Characteristics of Mini Video Case**）

微型视频案例是移动学习背景下视频案例教学的新途径，是用手持移动设备制作呈现微小的知识点，能让学生在较短的时间内感受到轻松的学习氛围的一种教学案例（吴祥恩，2012）。

微型视频案例具有明显的优势：第一，呈现形式新颖化，如可通过智能手机以电子材料的形式呈现；第二，学习内容片段化，通过轻便的学习设备轻易地获取案例（Merseth，1991）；第三，学习形式个性化，学生可以根据自己的意愿选择学习的时间、地点、方法和内容（陈维维和李艺，2008）；第四，学习时间分散，学生可结合自身情况自由选择学习时间（顾小清，2011）。

【关联条目】

视频案例、体验式视频案例

【参考文献】

［1］Merseth K K. The early history of case – based instruction: Insights for teacher education today ［J］. Journal of Teacher Education, 1991, 42（4）: 243 – 249.

［2］陈维维，李艺. 移动微型学习的内涵和结构 ［J］. 中国电化教育，2008（9）: 16 – 19.

［3］顾小清. 终身学习视野下的微型化移动学习资源建设 ［M］. 上海：华东师范大学出版社，2011.

［4］吴祥恩. 移动学习背景下微型视频案例与其创新应用 ［J］. 中国电化教育，2012（6）: 73 – 77.

◆体验式视频案例 (Experiential Video Case)

体验式视频案例是指围绕教师的教学体验和学生的学习体验开发的视频案例。这类案例的核心是提升教师与学生的体验（赵征和朱文清，2013）。

体验式视频案例开发过程包括7个步骤，如图2-1-1所示。该过程除需要商学院和企业的参与配合外，参与视频案例拍摄的第三方也是重要参与者之一。第一，由案例开发者提出开发申请；第二，组织相关专家开展视频案例选题的评审；第三，案例开发者提出具体拍摄和剪辑要求；第四，案例开发者在企业协助下初步完成视频案例；第五，在两个以上的班级中检验视频案例，考察教师和学生的体验感；第六，根据相关建议与检验结果进一步完善视频案例；第七，最终定稿视频案例交由相关专家评审。

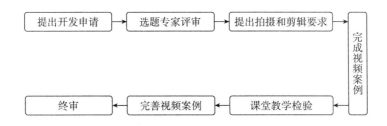

图 2 – 1 – 1　体验式视频案例开发过程

【关联条目】

视频案例、微型视频案例

【参考文献】

［1］鲍建生．课堂教学视频案例：校本教学研修的多功能平台［J］．教育发展研究，2003（12）：18 – 22.

［2］赵曙明，于静静．视频案例教学在管理学课程教学中的应用探析［J］．管理案例研究与评论，2012，5（4）：315 – 322.

［3］赵征，朱文清．体验式视频案例的开发与教学应用研究［J］．管理案例研究与评论，2013，6（2）：155 – 164.

［4］Kale U，Whitehouse P. Structuring video cases to support future teachers' problem solving ［J］. Journal of Research on Technology in Education，2012，44（3）：177 – 204.

［5］Mayer R E，Moreno R. Nine ways to reduce cognitive load in multimedia learning ［J］. Educational Psychologist，2003，38（1）：43 – 52.

［6］Spiro R J，Collins B P，Thota J J，et al.. Cognitive flexibility theory：Hypermedia for complex learning，adaptive knowledge application，and experience acceleration ［J］. Educational Technology，2003，43（5）：5 – 10.

［7］Zhang M，Lundeberg M，Koehler M J，et al. Understanding affordances and challenges of three types of video for teacher professional development ［J］. Teaching and Teacher Education，2011，27（2）：454 – 462.

◆长案例（Long Case）

长案例是具有较长篇幅的教学案例。通常判断案例是否过长取决于：参与者的经验、案例的内容、案例语言和整体布局的清晰度、课程背景、教学目标、学生的态度或性情。案例的长短会影响教学目标的实现，虽然学生不偏爱长案例，但是长案例往往能够提供更为充足的信息和充分的细节。

Lynn（1999）认为，如果要求学生花费较多时间查看案例就是过长的案例，这类长案例往往夹杂过多无关信息、与学生所学内容相关性不强或内容没有较好的趣味性及可读性。

【关联条目】

文本案例、视频案例、短案例、微案例

【推荐阅读】

《李渡酒业：如何在小步快跑中实现迭代创新》（编号：STR – 1194），中国管理案例共享中心（2020 年百优案例）

Amazon. com：Supply Chain Management（Product Number：9B18D017），Ivey Publishing（Best Sellers 2020）

【参考文献】

Lynn Jr L E. Teaching and learning with cases：A guidebook ［M］. Chappaqua，Chatham House Publishers，1999：112 – 113.

◆ 短案例（Short Case）

短案例是在正文篇幅上较短，以相对精简的结构提炼出事件精华部分的教学案例。

短案例通常较微案例的篇幅更长。类似地，短案例也需要在较短的篇幅中包含足够的信息及事件细节，并且需要尽可能地使其具有可供讨论的潜力，从而才能便于学生对案例问题进行分析和探讨。

短案例的具体篇幅长短取决于多种因素，通常要考虑采编者的经验、案例包含的内容、写作的清晰度、课程的背景、教学目标以及学生的学习态度。短案例因其内容精简，篇幅较短多受到学生的欢迎，但也可能存在年轻且缺乏经验的学生对一些缺失细节缺乏想象能力，从而影响教学效果。

【关联条目】

长案例、微案例

【推荐阅读】

《大项目管理部——如何成为企业项目化改革的一剂良方?》（编号：PJMT - 0079），中国管理案例共享中心（2019 年百优案例）

Harley - Davidson：*Internationalization in the Trump Era*（Product Number：9B18M087），Ivey Publishing（Best Sellers 2020）

【参考文献】

Lynn Jr L E. Teaching and learning with cases：A guidebook ［M］. Chappaqua，Chatham House Publishers，1999：112 - 113.

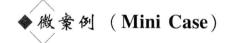

◆ 微案例（Mini Case）

微案例是基于特定课程的某一个特定知识点而编写的教学案例，具有短、精、准、灵、新等特点（刘刚等，2019）。微案例通常为决策型案例。

教学案例的特点具体内涵如下：一是短，案例正文篇幅较短，通常只有几页（A4 纸，1.25 倍行距）的篇幅，有时甚至不到一页纸，能让学生在较短的时间内阅读完案例正文。二是精，案例正文内容精炼，少有与知识点无关的冗余信息，但干练的语句和简洁的图表即可将核心故事完整、生动地塑造出来。三是准，案例包含的知识聚焦，针对具体而微小的单一知识点，或不同课程的同一知识点。四是灵，微案例的使用较为灵活。通常，微案例凭借篇幅较短、内容精练的特点，具备了较高的灵活性和易用性，在课堂教学中，教师可随时根据课堂讨论情况调整案例侧重点与关注点，培养学生的发散性思维和多角度思考能力。五是新，案例的内容新颖，微案例的素材既可以源于研究前沿，也可以来自实践热点，教师甚至可以根据课程需要自行增补契合知识点的小故事。

常规案例与微案例区别如表 2 - 1 - 1 所示。

表 2 - 1 - 1　常规案例与微案例的区别

比较维度	常规案例	微案例
正文篇幅	较长（1 万字左右）	较短
表现方式	文字、图表为主	文字、图表为主
知识聚焦	对应特定的课程及相应的知识点	某一知识点
优点	逻辑严谨，资料翔实，决策重点突出，与课程及知识点的匹配性强	使用方便，撰写容易，组织便利，推广便捷
缺点	撰写、使用费时费力	信息容量相对小，不利于深度讨论

【关联条目】

长案例、短案例

【推荐阅读】

《易招标：疫情下如何打开机会窗口》（编号：STR - 197），中国管理案例共享中心（2020 年百优案例，微案例）

Apple Watch：*Managing Innovation Resistance*（Product Number：9B18A005），Ivey Publishing（Best Sellers 2019）

【参考文献】

刘刚，廖正贤，殷建瓴. 微案例及其在管理教育中的应用［J］. 北京交通大学学报（社会科学版），2019（2）：1 - 6.

◆描述型案例（Descriptive Case）

描述型案例是基于案例呈现的管理事实，通常按照时间顺序描述管理实践的过程及结果，并对案例背景、动因及相关决策进行叙述的教学案例（郭文臣，2014）。

描述型案例的教学目标一般侧重帮助学生更好地理解管理理论和知识，通常会呈现完整的故事情节和决策过程。案例主题聚焦某一实践故事或事件。描述型案例亦可采用倒叙的写作方式，即先叙述管理层的决策，再描述事件的整个过程，让整个事件的全部情节完整地呈现在读者面前，让读者更好地加深理解，从而得出的评价更为贴切。

一般而言，学生能够通过描述型案例的学习做决策分析、评估或评价，理解相关理论知识的内涵（Cellucci等，2012；郭文臣等，2014）。描述型案例要为阐述清楚管理者所做出的管理决策，提供尽可能多的决策信息（王淑娟和胡芬，2011）。

在案例采编过程中，采编内容应重点关注管理实践过程及所涉及的理论知识，尽可能获取详细的案例故事和管理决策过程的信息。

此外，基于案例的特征、性质与功能，还可将教学案例划分为描述型与决策型两类。描述型案例与决策型案例的区别如表2-1-2所示。

表2-1-2　描述型案例与决策型案例的区别

比较维度	描述型案例	决策型案例
案例采编重点	侧重与管理理论及知识点相关的故事、事例等信息采集	侧重管理决策问题的发掘、企业面临的机会与挑战等信息采集
教学目的/能力要求	不需做出决策，理解和分析案例所应用的理论	结合相关理论对决策问题做出决策建议
整体结构	时间结构	情节结构
案例结尾	客观描述	剖出管理决策问题

【关联条目】

决策型案例、综合型案例、专业型案例

【推荐阅读】

《中至数据：颠覆式创新如何"玩转"技术与市场》（编号：STR-0977），中国

管理案例中心（2019 年百优案例）

《婺源篁岭：乡村旅游企业如何打造品牌生态圈?》（编号：MKT – 0798），中国管理案例中心（2020 年百优案例）

【参考文献】

［1］Cellucci L W. Kerrigan D，Peters C. Case writing matters ［J］. Journal of Case Studies，2012，30（1）：1 – 7.

［2］郭文臣，王楠楠，李婷婷. 描述型案例和决策型案例的采编［J］. 管理案例研究与评论，2014，7（5）：427 – 435.

［3］王淑娟，胡芬. 案例开发：教学案例的规范性及现状评估——第二届"中国管理案例共享国际论坛"（2011）综述［J］. 管理案例研究与评论，2011，4（2）：92 – 101.

◆ 决策型案例（Decision – Making Case）

决策型案例是在呈现管理情境的基础上，使学生在阅读案例过程中能站在决策者的角度对相关决策问题做出思考，并能结合自身理解，给出合理的决策意见的教学案例（Cellucci 等，2012）。

决策型案例采用巧妙的情节编排，呈现管理者面临的决策问题。通常，决策型案例不直接描述决策问题，而更多通过对企业所处的内外环境的叙述，为学生展现真实的管理决策情景，使学生能身临其境，站在管理者的角度分析决策问题，提出合理的决策建议（郭文臣等，2014）。

如何分析和解决管理实践问题是决策型案例教学目标的侧重点，因此，在主题上，决策型案例更侧重呈现复杂的决策情境并聚焦实践问题。在案例采编时，决策型案例侧重对企业面临的挑战、机会以及管理决策问题等信息的采集，对采编内容则重点关注决策要素与规则、影响管理决策的因素等。

相较描述型案例，决策问题是决策型案例的重点，通常需要设计多个相关的故事情节，以展现管理者在做出相关决策过程中的矛盾点，为决策建议的提出设置一定的悬念。这些情节可以对话的形式展现，如用对话描述企业相关员工对危机的反应，必要时，还需要描述解决决策问题的重要性。

【关联条目】

描述型案例、综合型案例、专业型案例

【推荐阅读】

《内容的"游戏":哔哩哔哩的乘风破浪之旅》(编号:MKT-0755),中国管理案例中心(2020年百优案例)

《双良节能向服务型制造的转型之路》(编号:STR-0995),中国管理案例中心(2020年百优案例)

【参考文献】

[1] 郭文臣,王楠楠,李婷婷. 描述型案例和决策型案例的采编 [J]. 管理案例研究与评论,2014,7(5):427-435.

[2] Cellucci L W. Kerrigan D, Peters C. Case writing matters [J]. Journal of Case Studies, 2012, 30(1):1-7.

◆ 综合型案例（Comprehensive Case）

综合型案例是案例涉及的主题或相关理论知识点覆盖的领域范围较广,需提供的案例信息所涉及的知识覆盖面也较广的教学案例。综合型案例兼具描述型案例与决策型案例的特征。

综合型案例篇幅较长,案例中包含了大量的信息,对学生的理论储备和综合能力要求较高,一般适合高年级或已学习过多门相关基础课程的学生使用(朱方伟等,2014)。

需说明的是,综合型案例的特征与很多学者提出的"所有的案例都要有明确的聚焦点"的观点并不矛盾。综合型案例的主题并不是不聚焦,而是其聚焦的主题与相应的知识点本身涉及的领域范围较广,因此,案例需要提供的背景信息所涉及的知识点覆盖面也广。例如,主题为战略决策的案例,由于"战略"本身属于组织中上层的决策,会涉及组织结构、市场、技术等较多方面的信息,因此该案例可延展的知识领域一般较广,多偏于综合型案例。

【关联条目】

描述型案例、决策型案例、专业型案例

【推荐阅读】

《以退为进:安徽老乡鸡的成长之路》(编号:STR-1202),中国管理案例中心

（2020 年百优案例）

Tesla：Testing a Business Model at its （R） evolutionary Best（Product Number：9B18M033），Ivey Publishing（Best Sellers 2020）

【参考文献】

朱方伟，孙秀霞，宋昊阳. 管理案例采编［M］. 北京：科学出版社，2014.

◆专业型案例（Professional Case）

专业型案例是服务于某一专业领域的教学案例，这类案例涉及的知识领域及理论覆盖面相对较窄。

专业型案例可以分属于描述型案例、决策型案例或综合型案例。在教授完某一专业课程的基础知识后，可运用专业型案例加深学生对理论知识的理解，并帮助学生快速实践（朱方伟等，2014）。

一般而言，专业型案例蕴含的理论知识点所涉及的背景知识领域比较专业化，专门为某一专业领域的学生设计。例如，关于金融、贸易等方面的案例一般专业性较强，多偏属于专业型案例。

【关联条目】

描述型案例、决策型案例、综合型案例

【推荐阅读】

《判断之繁：建筑施工企业的新准则收入核算处理》（编号：FAM‒0690），中国管理案例中心（2020 年百优案例）

Anandam Manufacturing Company：Analysis of Financial Statements（Product Number：9B16B007），Ivey Publishing（Best Sellers 2020）

【参考文献】

朱方伟，孙秀霞，宋昊阳. 管理案例采编［M］. 北京：科学出版社，2014.

二

教学案例的采编及构成

◆案例选取与设计的原则

(Principles of Case Selection and Design)

案例教学时案例选取与设计的原则共有五个，包括真实性、典型性、规范性、超前性和实用性，如图 2 - 2 - 1 所示。

图 2 - 2 - 1　案例选择和设计的原则

真实性原则（Principle of Authenticity）是指案例应具备真实性。一方面，案例应与理论相符。案例教学是对理论教学的补充，致力于解决理论知识的实践应用问题，因此案例应体现理论要求，不能随意将实际中各种"五花八门"的做法渗入案例中，以免将学生引入歧途。另一方面，案例应接近实际，准确反映实践活动。选取与设计案例应以管理活动中常见的管理现象为基本素材，抓住经济改革发展的脉搏，并真实可靠地反映现实。

典型性原则（Principle of Typicality）是指案例应具备一定的代表性，达到共性与个性的统一。案例的实践性强，涉猎的行业十分广泛，几乎无所不包。考虑时间因素的限制，就必须选取具有代表性的内容作为教学案例的内容，从而起到举一反三的作用。

规范性原则（Principle of Standarbility）是指案例应受到法律、法规、制度与社会规范的约束。教学案例的选取与设计需注意将有关的财经法规、制度等内容贯穿其中，使案例教学成为对学生进行教育的过程。

超前性原则（Principle of Advancement）是指案例应与时俱进、面向未来，不受限于现有教材，即要新。在教学案例的设计和选择时，案例不应完全受教学大纲所限，可适当融入一些随着经济发展出现的新型商业模式，让学生"伸手就摸得着"，使学生学到的知识呈现动态更新的特点。

实用性原则（Principle of Practical）是指案例应匹配案例教学目的。案例教学的目的是解决问题，使学生掌握的知识有用武之地。因此，任何案例都不可信手拈来，需经过充分地筛选、比较、论证，甚至要采用"沙里淘金"的办法，使案例教学真正落到实处。

【关联条目】

案例正文、案例使用说明

【参考文献】

黄明，郭大伟. 案例教学中的案例选取与设计［J］. 教育探索，2006（3）：90－90.

◆案例正文（Case Text）

案例正文是一份按照特定逻辑顺序呈现管理故事的详细报告或材料（朱方伟等，2014）。案例正文包含标题、摘要、主体内容、附件4个构成要素。案例正文通常供学生使用。

案例正文是开展案例课堂教学的重要工具，从某种程度上说，案例正文就是一种特殊的教材。其特殊性不仅表现在形式上，而且表现在其内容上。案例正文的特点如下：

第一，真实性。一方面，案例正文的故事是在企业中真实发生的，是案例开发者对案例企业进行访谈或充分收集相关资料的基础上撰写的；另一方面，案例正文较客观，不带有个人感情色彩，不对企业决策做出主观评价。

第二，明显的目的性。案例正文专供学生使用，学生通过对案例正文的相关信息的分析，学习相关知识，获取相关能力。因此，案例正文必须与教学目标紧密关联。

第三，较强的故事性。故事性指案例的内容需要具备一定的事件、情节发展逻辑。例如，逻辑上表现因果关系、时间上呈现先后顺序等，而不是仅仅将信息简单地拼凑或堆砌。案例正文通过巧妙的故事情节设计，以对话方式、情境再现等方式吸引学生，使其在阅读案例正文时能身临其境，进而实现知识的传递、能力的培养以及理念的转变。

【关联条目】

案例摘要、案例关键词、案例引言、案例背景

【推荐阅读】

《"无声"制动的刹车片》（编号：SCLM‒0091），中国管理案例中心（2019 年百优案例）

Squatty Potty：Assessing Digital Marketing Campaign Data（Product Number：9B18A002），Ivey Publishing（Best Sellers 2020）

【参考文献】

朱方伟，孙秀霞，宋昊阳. 管理案例采编［M］. 北京：科学出版社，2014.

◆ 案例摘要（Case Abstract）

案例摘要是由案例正文提炼概括而成的，能在一定程度上反映案例内容的短文。在教学案例中，案例摘要是对案例正文故事的整体性概括，也是对案例主题系统全面的描述（朱方伟等，2014）。

案例摘要在教学案例中的作用如下：第一，系统地向学生解释了案例故事、案例主题及关键问题等信息，使学生能快速了解案例的内容。第二，教师可以通过案例摘要选择在课堂教学使用的教学案例，通过快速浏览摘要缩短选择时间，提升共享效率。第三，在某种程度上能对案例选题进行补充。

【关联条目】

案例正文、案例关键词、案例引言、案例背景

【推荐阅读】

《飞鹤奶粉的逆袭：半世积淀，一朝飞天》（编号：STR‒1223），中国管理案例中心（2020 年百优案例）

Wendy's：A Plan for International Expansion（Product Number：9B18A052），Ivey Publishing（Best Sellers 2020）

【参考文献】

朱方伟，孙秀霞，宋昊阳. 管理案例采编［M］. 北京：科学出版社，2014.

◆ 案例关键词（Case Key Words）

案例关键词是指从案例选题、摘要或正文中甄选的、未经规范化的、具有检索价值的词组（朱方伟等，2014）。未经规范化是指关键词对词义（如近义词、同义词、多义词）、词形（如汉语中汉字的简繁体、异体字，英语中的单复数）不要求做严格规范化的处理。

总体来看，案例关键词与其他文体关键词并不存在本质的区别，主要作用都是服务于案例的检索，提高检索的准确率。同样地，其他文本关键词应遵循的原则以及标引的步骤也同样适用于案例关键词的标引。

关键词标引的原则包括：一是全面性。案例关键词的全面性意味着关键词必须要将案例关键主题内容表达全面，既要体现案例相关信息，又要体现案例所涵盖的主要知识点，并应避免遗漏。二是专指性。即所选取的关键词必须与案例的主题相符合，内涵不能扩大，也不能缩小。三是专业性。反映案例主题的关键词应该具备一定的专业性，一般是某一领域的术语，而不要选用非专业的词。

关键词标引的方法及步骤包括，一是完善案例标题、摘要和正文；二是阅读案例标题并明确主题；三是细品摘要，掌握主要内容；四是熟悉重点章节，确定关键主题内容；五是提炼并排列关键词。

【关联条目】

案例正文、案例摘要、案例引言、案例背景

【推荐阅读】

《"好孩子"蕴梦想：小童车如何推进母婴零售新时代》（编号：MKT‒0615），

中国管理案例中心（2019 年百优案例）

《从"海淘顾问"升级"国民种草机"：小红书商业模式演化之旅》（编号：EPSM－0321），中国管理案例中心（2019 年百优案例）

【参考文献】

朱方伟，孙秀霞，宋昊阳．管理案例采编［M］．北京：科学出版社，2014.

◆ **案例引言（Case Introduction）**

案例引言亦称案例正文的首段，是指处于案例正文开头，用于引出主体内容的文字（朱方伟等，2014）。

案例引言通常会呈现案例所处的整体情境，交代案例时间、地点、关键决策问题及案例主人公等信息，使学生能快速用主人公的视角审视案例企业中发生故事的全貌。因此，一个好的案例引言既可为学生提供必要的信息，也可基于对关键决策问题的呈现，激发学生的阅读兴趣。

需注意的是，描述型与决策型案例的引言具有一定的差异。具体而言，决策型案例通常从管理决策者角度出发，呈现决策者所处的环境或某一具体活动情境，如会议、对话等，捕捉决策者的内心、行为及语言等，交代清楚决策问题是什么、如何产生的。决策型案例通常以问题结尾，能引发学生阅读兴趣与进一步思考。描述型案例除对决策者描述外，还会对决策者所处企业的现状、困境、发展历程、事件起因等进行描述。

【关联条目】

案例正文、案例摘要、案例关键词、案例背景

【推荐阅读】

《创业中的伦理困境：欣凯医药的"利""义"抉择》（编号：MSL－0107），中国管理案例中心（2019 年百优案例）

《科希曼的"机会"后面还有"机会"吗?》（编号：EPSM－0323），中国管理案例中心（2019 年百优案例）

【参考文献】

朱方伟，孙秀霞，宋昊阳．管理案例采编［M］．北京：科学出版社，2014.

◆案例背景（Case Background）

案例背景是指教学案例中的企业发展宏观背景或企业故事发生前后的情况，即案例企业的背景和企业决策的背景（刘志迎和张孟夏，2017）。

一般而言，案例企业背景既可在案例正文中体现，用于交代案例企业的整体情况和发展背景，也可在案例附录部分呈现，用于补充案例相关信息。案例决策背景能补充案例故事发展的过程，即交代了在何种情况下出现的管理决策问题（刘志迎和张孟夏，2017）。

类似地，朱方伟等（2014）提出，背景信息（Background Information）指案例故事本身所处的企业内部与外部的环境信息。在描述案例正文前，授课教师应将必要的背景信息与学生交代清楚，为学生进行情境化的案例分析提供信息基础。背景信息的使用也是管理理论中权变理论的体现。

值得采编者注意的是，背景信息的边界界定有一定的要求。首先，现实环境中的决策者往往是基于有限的、不全面的信息进行分析与决策；其次，背景信息的留白能够鼓励学生运用有限的信息进行分析与决策，为后续情节的展开提供空间。对于背景信息的具体内容和详细程度并没有统一的标准，但应遵循案例背景要素与引发案例事件的主要影响因素保持一致的原则。常见的背景信息有政治、经济、文化背景以及行业、企业发展背景等（刘志迎和张孟夏，2017）。

【关联条目】

案例正文、案例使用说明

【推荐阅读】

《美菱"M鲜生"冰箱诞生记》（编号：PJMT‑0075），中国管理案例中心（2019年百优案例）

《"一体两翼"：海尔集团的多品牌定位之道》（编号：MKT‑0746），中国管理案例中心（2020年百优案例）

【参考文献】

[1] 刘志迎，张孟夏. 工商管理教学案例的课堂检验探讨［J］. 管理案例研究与评论，2017，10（4）：419‑428.

[2] 朱方伟，孙秀霞，宋昊阳. 管理案例采编［M］. 北京：科学出版社，

2014：157 – 161.

◆知识线（Knowledge Line）

知识线是指依据案例教学目标，在案例正文中隐含的理论知识线索，也是为实现知识传授功能所布局的概念和理论。

案例知识点随案例情节的发展变得更深入具体，这便要求案例有一条清晰的知识线，使学生阅读完案例后能对案例故事涉及的知识脉络有比较清晰的认识（刘志迎和张孟夏，2017）。

一般而言，案例正文不直接显示理论知识，但作为案例开发者需紧紧围绕隐含的知识线谋篇布局，要站在学生的角度处理知识线与情节线的关系（朱方伟等，2014）。通常情况下，案例开发者在正式撰写案例正文前，就应考虑清楚某一案例使用哪一理论知识，并围绕理论知识如何形成知识线、知识线如何与正文情节线对应等问题来编排案例正文。在正式撰写阶段，案例开发者应围绕提前设计好的知识线与情节线撰写故事，使学生能在曲折的情节线下理解与分析理论知识点。

知识线的合理设计能够使学生在阅读案例过程中体会到某一理论知识，或在教师的带领下能够结合案例信息与问题的讨论，较准确地对应到某一理论知识，并能结合理论分析管理实践问题，提升学生的综合能力。

【关联条目】

情节线、案例正文、案例使用说明

【推荐阅读】

《用中国速度解决世界难题：新冠疫情下奥特发口罩机项目的即兴过程》（编号：OM – 0200），中国管理案例中心（2020 年百优案例）

《"复心"之路：疫情后好未来员工的心理契约重构》（编号：OB – 0247），中国管理案例中心（2020 年百优案例）

【参考文献】

[1] 刘志迎，张孟夏. 工商管理教学案例的课堂检验探讨 [J]. 管理案例研究与评论，2017，10（4）：419 – 428.

[2] 朱方伟，孙秀霞，宋昊阳. 管理案例采编 [M]. 北京：科学出版社，2014.

◆情 节 线 （Plot Line）

情节线是在案例正文中布局案例素材与信息的逻辑线（刘志迎和张孟夏，2017）。

常见的案例情节线是按照时间顺序展开的（朱方伟等，2014），即随着时间先后发展，案例故事会经历发生到发展的过程。案例主人公所处的环境发生变化，并可能不断涌现新的问题。

清晰的情节线要求案例情节符合事件发展的一般逻辑，能前后呼应，必要时能体现跌宕起伏的效果。情节线与知识线是对应的关系，案例通过情节线展现案例信息、案例故事的发展过程及最终结果，知识点又能对应到案例情节中。

清晰的情节线能使学生快速获取案例信息，把握案例事件发生的内部联系与因果关系，并能较好地结合理论知识分析案例情节发生变化的原因、过程、结果等。一般而言，清晰的情节线是结构清晰、跌宕起伏的，而非简单地平铺直叙。同时，也可以适当设置矛盾情节，以增强案例正文的可读性，提升学生的阅读兴趣与学习体验。

【关联条目】

知识线、案例正文、案例使用说明

【推荐阅读】

《移动信贷整体技术输出：飞贷的竞争战略》（编号：STR - 0959），中国管理案例中心（2019 年百优案例）

《工程类新产品如何落地生花：华电科工海上风电的开发历程》（编号：MKT - 0747），中国管理案例中心（2020 年百优案例）

【参考文献】

［1］刘志迎，张孟夏. 工商管理教学案例的课堂检验探讨［J］. 管理案例研究与评论，2017，10（4）：419 - 428.

［2］朱方伟，孙秀霞，宋昊阳. 管理案例采编［M］. 北京：科学出版社，2014.

◆案例使用说明（Teaching Note）

案例的使用说明也被称为教学笔记或教学指导书，可作为指导说明书帮助老师准备案例课堂教学。

作为案例教学的指导材料，案例使用说明旨在将内含于案例正文情节中的知识线梳理出来，清晰展现并引导教学过程中的案例分析和知识传授。案例使用说明的本质内涵是提供从案例情节分析中获取知识的途径，它实现了由情节线向知识线的回归，从而完成知识线到情节线再到知识线的完整回路。

为了全面实现得到的案例教学目标，案例使用说明强调基于知识点和案例情节的案例分析思路与分析过程的设计。因此，不仅要考虑对知识点的传授，更要在案例分析过程中关注对学生能力的培养和观念的改变。一般而言，在案例使用说明中要开发一个相应的案例教学方案，让教学目标能在案例分析与讨论中完成。显然，案例使用说明只是建议性的、指导性的或预见性的，教师应该根据实际的教学需要和教学进展进行课堂设计。

通常，案例使用说明的价值在于强化案例使用效果、提升案例使用效率、积累案例教学经验。

【关联条目】

案例正文、知识线、教学目标与用途、启发思考题、分析思路、理论依据与分析、课堂教学计划、案例后续进展

【推荐阅读】

《飞鹤奶粉的逆袭：半世积淀，一朝飞天》（编号：STR – 1223），中国管理案例中心（2020 年百优案例）

Tech Talk：*Creating a Social Media Strategy – Teaching Note*（Product Number：8B17E009），Ivey Publishing（Best Sellers 2020）

【参考文献】

朱方伟，孙秀霞，宋昊阳. 管理案例采编［M］. 北京：科学出版社，2014.

◆教学目的与用途（Teaching Purpose）

教学目的与用途是指在某一特定类型的课程上，说明针对某一合适类型的群体，通过该案例教学所要达到或者预期达到的教学效果。

一般而言，教学的目的与用途包括适用的课程、适用的对象及教学目标规划，其中教学目标规划部分包含知识传授点、能力训练点和观念改变点。

教学目的与用途贯穿整个案例采编与教学过程，是教学目标不断细化的结果，也是案例教学过程的核心指导思想。案例采编者在撰写教学目的与用途时应注意明确教学的目标，列出可能涉及的知识点，呈现条理清晰、有逻辑性的语言，并应尽可能让该部分内容对教师教学有引导性和启发性。

【关联条目】

案例使用说明、启发思考题、分析思路、理论依据与分析、课堂教学计划、案例后续进展

【推荐阅读】

《康优公司：社交电商转型中的内部定价》（编号：FAM－0684），中国管理案例中心（2020 年百优案例）

《"靓女"出嫁：天津药物研究院的混改之路》（编号：STR－0944），中国管理案例中心（2019 年百优案例）

【参考文献】

朱方伟，孙秀霞，宋昊阳．管理案例采编［M］．北京：科学出版社，2014：200－203.

◆启发思考题（Assignment Questions）

启发思考题是案例开发者围绕案例正文的管理故事和相关理论知识点设计的案例讨论问题。

案例启发思考题对学生和教师都具有重要的作用。学生可以基于案例启发思考题,深度研读案例正文,从正文中的相关信息中分析这些思考题,促使学生尽快进入决策角色,进而了解基本理论知识并获取一定的能力。对教师而言,案例启发思考题是教师指导学生如何展开讨论的重要依据,关系到案例教学的效果。

设计教学案例启发思考题需要遵循四大原则(朱方伟等,2014)。一是关键原则。问题的设置点一般集中于突破知识、能力或观念改变的重点和难点处,或者学生思维易受阻的地方。二是实效原则。应根据不同案例难度和适用对象的特征(如知识水平、技能水准、接受能力等)有针对性地进行设计。同时,要针对实际,讲究实效、启而有发、问而有答。三是引导原则。启发思考题重在引导性,切忌代替读者思考,应充分唤起学生自主思考的意识,让学生真正成为学习的主人。四是逻辑原则。结合案例使用需要可以采取由浅至深、由具体到宽泛、与案例知识线一一对应、顺应案例的理论逻辑框架等多种形式。

【关联条目】

案例使用说明、教学目的与用途、分析思路、理论依据与分析、课堂教学计划、案例后续进展

【推荐阅读】

《森山健康小镇——一株仙草的"大情怀"》(编号:STR – 0816),中国管理案例中心(2018 年百优案例)

Costco Wholesale Corporation:Market Expansion and Global Strategy – Teaching Note(Product Number:8B19M007),Ivey Publishing(Best Sellers 2020)

【参考文献】

朱方伟,孙秀霞,宋昊阳. 管理案例采编 [M]. 北京:科学出版社,2014:200 – 203.

◆分析思路(Analytic Thinking)

分析思路指课堂中教师引导学生讨论案例的思维逻辑(朱方伟等,2014)。一般可以体现在案例使用说明的问题分析中,是案例教学实践十分重要的指导思想。

案例分析思路应该沿着案例的问题展开,分析讨论要步步深入,并要遵循知识点的逻辑性。教师在案例分析思路的指导下,能够引导学生梳理案例情节与决策点,

并根据案例问题，对案例素材进行分解和剖析。

通常，案例分析思路基于特定的教学目的讨论，可以按照决策要素和决策流程两种逻辑路线展开。

第一，遵循决策要素逻辑路线展开。主要分为发散性和聚合性。基于聚合性逻辑路线的讨论可分为两步：一是学生围绕着案例的基本问题讨论决策要素；二是层层递进引出核心决策问题展开讨论。发散性逻辑路线则需首先明确案例的核心问题，进而以基本问题为核心逐个对决策要素进行讨论。

第二，遵循决策流程逻辑路线展开。按照决策流程展开的讨论是线性式的，可以分为两种：一是前进式逻辑路线。要求根据案例的决策流程进行逐一讨论，进而对案例核心问题展开剖析。二是后退式逻辑路线。要求以讨论案例核心问题为起点，逐一按决策流程的反方向讨论决策点，直到完成决策对策的讨论。

根据实际情况，教师可以更具灵活搭配使用以上逻辑设计，满足教学需求。

【关联条目】

案例使用说明、教学目的与用途、启发思考题、理论依据与分析、课堂教学计划、案例后续进展

【推荐阅读】

《创业企业控制权：君安公司到底谁说了算？》（编号：EPSM – 0266），中国管理案例中心（2018 年百优案例）

《转"危"为"机"：宇通校车领导品牌创新之路》（编号：MKT – 0514），中国管理案例中心（2018 年百优案例）

【参考文献】

朱方伟，孙秀霞，宋昊阳. 管理案例采编 [M]. 北京：科学出版社，2014：204 – 207.

◆ 理论依据与分析（Theoretical Basis and Analysis）

理论依据与分析指在案例教学实践中可能需要使用的基本理论、原理及事实以及理论的应用思路，通常会提供在教学案例的使用说明中（朱方伟等，2014）。

理论依据与分析为案例教学课堂开展讨论提供理论基础，为教师与学生进行案例分析与解答提供基础与保证。对于理论依据与分析的编写，采编者应该注意以下

三点：

第一，介绍支持案例分析的所有管理理论。在该部分既要介绍与案例主题密切相关的理论，也要介绍案例情节分析可能会涉及或延伸到的理论，以及其他采编者认为案例教学实践中需要运用的理论知识。

第二，清晰呈现案例情节与知识点的对应关系。清晰的对应关系能够在分析案例情节时为教师提供理论应用的思路。

第三，对列举的理论运用做必要的分析。一方面，采编者应就案例分析所需的理论知识做全面的、简单的概念介绍。另一方面，采编者应交代清楚列举的理论所对应的故事情节，运用理论做情境化的案例分析，做到"理论从情节分析中来，到情节分析中去"。此外，采编者需要逆向阐述理论到撰写情节的演绎逻辑，供授课教师指导学生通过情节分析归纳理论做参考。

【关联条目】

案例使用说明、教学目的与用途、启发思考题、分析思路、课堂教学计划、案例后续进展

【推荐阅读】

《创业还是创恶？AsianFoodMap 的道德困境》（编号：MSL－0089），中国管理案例中心（2018 年百优案例）

《从 0 到 1：全球首台智能钢琴诞生记》（编号：STR－0813），中国管理案例中心（2018 年百优案例）

【参考文献】

朱方伟，孙秀霞，宋昊阳．管理案例采编［M］．北京：科学出版社，2014：199－201.

◆课堂教学计划（Lesson Plan）

课堂教学计划是指案例采编者给教师提供的建议教学执行的具体方案。

课堂教学计划可以包括课堂的组织过程、时间安排、规模控制和教室布局等内容。案例采编者根据案例内容的不同理解和个人教学经验，对每一环节提出相应的教学建议。案例教学的组织包括案例概述、小组讨论、班级讨论和评价总结等众多环节。

教师在整个案例教学过程中扮演导演角色，通过开场白的设计对案例进行概述，引导学生进入案例角色。教师让学生进行小组讨论和班级讨论，再由教师对教学内容、学生表现等进行全过程的评价，并对案例知识线进行整体梳理。

通常，案例课堂的总体时间建议控制在80~90分钟，具体的时间计划可以根据不同的课堂安排进行调整。案例教学班级人数不宜过多，应控制在30人以内，可分成5~6个小组。案例教学理想的布局是使所有的课堂参与者都坐在四周，使其很容易听到和看到对方。同时，案例教学教室中应具备投影仪、桌子、黑板等设备。

【关联条目】

知识线、案例使用说明、教学目的与用途、启发思考题、分析思路、理论依据与分析、案例后续进展

【推荐阅读】

《"夕阳产业"的进化：网鱼网咖的创业之旅》（编号：EPSM - 0246），中国管理案例中心（2018年百优案例）

《兴盛优选：社区电商平台模式的精益创业之路》（编号：STR - 1255），中国管理案例中心（2020年百优案例）

【参考文献】

朱方伟，孙秀霞，宋昊阳. 管理案例采编［M］. 北京：科学出版社，2014：200 - 203.

◆案例后续进展（Case Follow - Up）

案例后续进展是指案例企业在案例正文的故事情节外的发展状况，可以作为案例使用说明的辅助要素和案例的补充材料。

正确提供案例后续有利于加深教师和学生对案例的透彻理解，并在理论联系实际中提升判断力。但是，由于事物的客观发展有一定的时间期限，很多决策方案导致的结果需要一定的时间才可以呈现，加之案例编写的周期性，一般来说，案例企业后续进展很难获取。

此外，在教学中需要谨慎使用案例后续进展，既要考虑案例采编的保密和掩饰原则，又要使学生理解公司的决策可能只是各种影响因素促成的解决方案，未必是最佳的选择。在实际案例教学中，若案例讨论结论和与实际案例后续进展一致，则

证实案例讨论设定的情境与实际发展情境考虑一致，如果案例讨论结果和实际案例相悖，教师可以引导学生对其中可能导致结果的不同因素进行分析，进一步强化对案例的把握。

【关联条目】

案例背景

【推荐阅读】

《大项目管理部——如何成为企业项目化改革的一剂良方？》（编号：PJMT - 0079），中国管理案例共享中心（2019 年百优案例）

Costco Wholesale Corporation：*Market Expansion and Global Strategy - Teaching Note*（Product Number：8B19M007），Ivey Publishing（Best Sellers 2020）

【参考文献】

朱方伟，孙秀霞，宋昊阳．管理案例采编［M］．北京：科学出版社，2014：194 + 216.

◆ 课堂检验（Classroom Inspection）

课堂检验是指将初步撰写完成的教学案例拿到课堂教学中使用，进一步检验教学案例的情节线、知识线、课堂计划等设计是否合理，基于实践经验进一步完善教学案例，真正做到教学案例开发与案例教学使用的结合（刘志迎和张孟夏，2017）。

课堂检验对于案例开发与使用具有重要作用。第一，课堂检验提升了教学案例开发的质量。通过课堂检验，可进一步了解案例设计的情节能否被学生理解，案例故事是否足够具有吸引力以引发学生阅读与分析兴趣，案例知识线是否能被学生理解，给出的理论和案例分析是否能对学生掌握基本理论知识与提升分析、解决问题的能力有所指导，课堂计划是否便于课堂教学。基于课堂实践教学，可进一步了解教学案例开发的不足，便于后续改进。第二，基于课堂检验，能发现教学案例是否可以用于课堂教学，即学生能否清楚地看明白案例的来龙去脉或者案例事件的本来面目（真实再现案例事件），教师能够借助案例使用说明（或教学笔记）有效地开展案例教学。教学案例开发者要高度重视教学案例开发的课堂检验环节，这样不仅有利于提高案例开发的质量和适用性，也有利于提高案例开发水平和案例教学效果

（刘志迎和张孟夏，2017）。

案例正文课堂检验（Class Trial of Teaching Case）是围绕案例教学目标中涉及的知识点或教学模块、围绕知识点的知识线、围绕知识线所展示的情节线和案例中潜藏的值得讨论的决策问题或理论问题。知识线潜藏在情节线中，即在案例正文中不明示知识点。但需要注意的是，必须明确潜藏知识点的情节，以便学生在开展案例讨论时能够发现与利用相应的知识点来进行案例分析，即可以将案例问题隐藏，也可以设置为悬念问题。案例教学课堂的要点如图 2 - 2 - 2 所示。

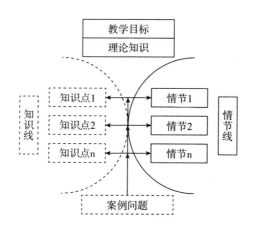

图 2 - 2 - 2　案例教学课堂的要点

资料来源：根据刘志迎和张孟夏（2017）整理。

案例使用说明的课堂检验要点包括思考题的启发性、分析思路的可用性、理论依据的合理性、教学计划的可行性等（刘志迎和张孟夏，2017）。

第一，对于案例思考题的检验，要联系正文中案例问题可识别性的检验，正文案例问题可识别性的检验是看正文中是否潜藏了思考题的答案，而案例思考题的检验则是看问题设计是否围绕案例主题以及是否合理等（王淑娟和胡芬，2011）。

第二，案例开发者在课堂检验中，案例开发者给出案例分析思路，是不是真正能够引导学生按照此思路去分析，或者分析思路的逻辑是否能为学生所理解，并能解决学生在案例学习中的疑惑。若学生无法理解所给出的分析思路，那么案例开发者需要与学生进行沟通交流，考察分析思路的何处需要改进或补充阐述。同时，由于学生往往能突破案例开发者在编撰案例使用说明时的思路，在课堂中的头脑风暴往往能产生意想不到的新想法，这也为案例开发者更新完善案例分析思路提供了有力参考。

第三，对于理论依据的检验主要包括两方面。一是检验案例使用的理论是否合适、知识点数量设计是否合理等。若案例中潜藏大量相关知识点，那么教师与学生需花费过多时间去分析和梳理知识点，可能导致教学任务在规定时间内完成，学生也无法充分理解吸收。二是检验所用理论是否能被学生理解。检验理论选择合理性包括两点，即解释为何选取该理论和解释该理论与案例正文中的对应关系。

第四，在课堂中需要检验课堂安排与时间规划在各板块的分配是否可行，即检验教学者能否在预定时间内完成各部分的安排或是否有哪部分的时间分配多余。如果教学者不能在预定时间内完成某部分的课堂安排，则需增加该部分的时间分配，或按照实际需要删减部分安排计划，如果时间分配有多余，则需要把多余时间调整到时间分配不足或更加重要的环节上去。

【关联条目】

案例正文、案例使用说明

【推荐阅读】

《以退为进：安徽老乡鸡的成长之路》（编号：STR - 1202），中国管理案例中心（2020 年百优案例）

【参考文献】

［1］刘志迎，张孟夏. 工商管理教学案例的课堂检验探讨［J］. 管理案例研究与评论，2017，10（4）：419 - 428.

［2］王淑娟，胡芬. 案例开发：教学案例的规范性及现状评估——第二届"中国管理案例共享国际论坛"（2011）综述［J］. 管理案例研究与评论，2011，4（2）：92 - 101.

三

案例教学的类型

◆ 即兴案例教学法（Improvisational Case Teaching）

即兴案例教学法是指教师为在案例教学中提升相关性、学生的参与意愿和教学效率，考虑使用学生自己的案例、正在发生的热点案例这些并不成熟但更贴近学生实际的案例进行临场即兴教学的方法，强调教师可以通过管理自发性能力、资源利用能力、创造性能力等提升即兴能力，通过控制时间压力和不确定性来减少波动因素，进而完成即兴教学（黄劲松和周宁，2018）。

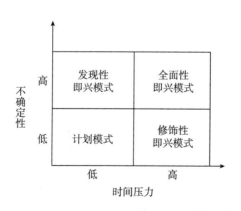

图 2 - 3 - 1　四种即兴模式

将时间压力和环境不确定性作为两个维度，按照 Crossan 等（2005）所提出的四种即兴模式（计划模式、发现性即兴模式、修饰性即兴模式与全面性即兴模式），如图 2 - 3 - 1 所示，即兴案例教学可划分为三种类型。一是发现性即兴案例教学；二是修饰性即兴案例教学；三是全面性即兴案例教学，分别对应热点动态案例、学生自主案例、现场即兴案例。即兴案例教学的三种类型及其特征如表2-3-1所示。

表2-3-1 即兴案例教学的三种类型及其特征

案例类型	热点动态案例	学生自主案例	现场即兴案例
教学分类	发现性即兴	修饰性即兴	全面性即兴
案例来源	热点事件的新闻和评论	招募的学生企业案例	教学现场的学生企业案例
案例信息充分度	非常充分,有大量媒体报道	较充分,案例企业的学生准备PPT和资料	不充分,学生现场介绍企业情况,无事前准备
案例机会	需要等待时机	需招募合适学生	需现场指定学生
学生参与兴趣	极大	中等	较大
学生事前准备	学生已掌握案例信息,不需要事前准备	案例学生事前准备	不需要
学生知识要求	低	中等	低
教师事前准备	需大量准备:消化所有评论观点,形成独特的分析体系和知识体系	少量准备:消化学生案例基本信息,形成分析体系	不需要
老师对案例信息的掌握程度	较全面掌握信息	课前掌握学生提交的信息	课前不掌握信息
即兴程度	较低	较高	很高
对教师即兴能力的要求	较低	较高	很高
存在的风险	争论极大,学生不同意教师的知识体系和解释	存在争议,案例学生不同意教师观点	存在争议,案例学生不同意教师观点
案例选择要求	无特殊要求	学生是企业高管或部门领导	学生是企业高管或部门领导
适合的教学情境	教师即兴能力较强,分析总结能力强	教师即兴能力较强,能够熟练应用知识体系给予案例解决方案	教师即兴能力极强,能够熟练应用知识体系,对企业运营的理解很透彻

即兴案例教学是可以操作的教学方法,主要有三个方面的优势。第一,提升学生的学习效率,不要求学生花费大量的时间进行案例的阅读,学生在课堂中就可以通过案例获得知识,有利于提升教学效果。第二,满足实时性和动态性,能够较好地把握时事热点,可有效调动学生参与的积极性,有利于课堂教学气氛的活跃。第三,提升学生与案例的相关性。由于很多即兴案例可源于学生的企业,所聚焦的管理问题与企业实践密切相关,教学过程与企业实践高度结合,有利于解决学生的实际经营问题,从而提升案例教学效果(黄劲松和周宁,2018)。

【关联条目】

发现性即兴案例教学、修饰性即兴案例教学、全面性即兴案例教学

【推荐阅读】

Goldman A J. Improvisation as a way of knowing ［J］. Music Theory Online, 2016, 22（4）：1－20.

Crossan M, Cunha M P E, Vera D, Cunha J. Time and organizational improvisation ［J］. Academy of Management Review, 2005, 30（1）：129－145.

【参考文献】

［1］黄劲松，周宁. 工商管理学科的即兴案例教学法［J］. 管理案例研究与评论, 2018, 11（6）：612－622.

［2］Crossan M, Cunha M P E, Vera D, et al. Time and organizational improvisation ［J］. Academy of Management Review, 2005, 30（1）：129－145.

◆ 发现性即兴案例教学

（Discovery Improvisational Case Teaching）

发现性即兴案例教学是以发现性即兴案例为教材，具有很高的不确定性，但是教师时间压力相对较低的一种案例教学方式。作为发现性即兴案例的一种，热点动态案例以媒体报道热点为素材，通常描述最近一段时间内发生的具有一定轰动性与热度的事件，这些事件往往在网络公众号、贴吧与新闻媒体中已经进行了大量深入解读，大家对于事件具有一定的认知。因此，这类案例使用在课堂教学中能够很好地调动学生的积极性。

发现性即兴案例的详细情况有多种角度的解读，教师可以在课前进行较多的媒体资料阅读，对教师现场反应的时间压力不大。但是，这类案例的视角通常并不唯一，且学生和教师在信息掌握上没有差异，所以教师如果要选择这类案例进行即兴案例教学就势必要提出更有新颖性与创造性的观点，才可能获得好的教学效果。因此，发现性即兴案例教学具有低时间压力和高不确定性的特点。

【关联条目】

即兴案例教学、修饰性即兴案例教学、全面性即兴案例教学

【参考文献】

黄劲松，周宁. 工商管理学科的即兴案例教学法［J］. 管理案例研究与评论，2018，11（6）：612－622.

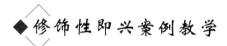

修饰性即兴案例教学

（Ornamented Improvisation Case Teaching）

修饰性即兴案例教学是以修饰性即兴案例为载体，具有很低的不确定性，但教师的时间压力相对较高的一种案例教学方式。

作为修饰性即兴案例的一种，学生自主案例指学生接受老师在班级内的招募主动展示所在公司，并在给定时间内将资料提供给教师，同时准备课堂展示材料在课上讨论的案例。这类案例与学生所在企业有直接关联，因此参与课堂讨论的其他学生的积极性一般比较高。

由于教学前期已招募学生，同时相关资料均由学生提供，因此修饰性即兴案例的不确定性往往相对较低。但是，这类案例不仅要求学生在展示过程中能够迅速应对各类提问，而且当教师不熟悉该案例企业或行业时，要开展案例教学压力较大。因此，修饰性即兴案例教学具有不确定性低和时间压力高的特点。

【关联条目】

即兴案例教学法、发现性即兴案例教学、全面性即兴案例教学

【参考文献】

黄劲松，周宁. 工商管理学科的即兴案例教学法［J］. 管理案例研究与评论，2018，11（6）：612－622.

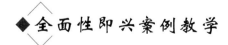

全面性即兴案例教学

（Full－Scale Improvisation Case Teaching）

全面性即兴案例教学是以现场即兴案例为教材，不确定性很高，同时教师的时

间压力很大。作为全面性即兴案例的一种，现场即兴案例是指教师临时在教学现场即兴选择的学生案例。

在这类案例教学过程中，由于教师是临时在教学现场随机且即兴地选取学生，当学生介绍企业并提出相应问题时，教师则需针对性地根据问题开展案例教学活动。因此，教师无法事先进行准备，同时需要在很短的时间内提出解决方案，这时显著增加了教学难度，但可有效提升学生在教学过程中的参与度，优化教学效果。对于这类案例，教师并没有进行事前准备，也不是非常了解案例内容，完全凭借已有的创造性、自发性和资源利用等即兴能力来进行案例的分析与讲解。因此，全面性即兴案例教学具有不确定性高和时间压力大的特点，给教学带来了极大挑战，对教师的资源与能力准备要求极高，想要尝试此类教学的教师需要具备很高的即兴能力与充足的知识资源。

【关联条目】

即兴案例教学法、发现性即兴案例教学、修饰性即兴案例教学

【参考文献】

黄劲松，周宁.工商管理学科的即兴案例教学法［J］.管理案例研究与评论，2018，11（6）：612-622.

◆即时型案例教学模式

（Instant Type of Case Teaching Mode）

即时型案例教学模式是将即时型案例发生地的负责人以特邀嘉宾身份请进课堂参与课堂教学的一种教学模式。其中，即时型案例（Instant Case）特指案例发生时间的当前性，可能是刚刚发生的案例或正在发生的案例。

即时型案例教学模式主要有：一是将即时型案例发生地的负责人以特邀嘉宾的身份直接请入课堂，讲解案例发生的真实过程，为师生提供第一手信息资料，并与学生进行讨论、交流与互动。二是邀请嘉宾运用QQ、微信、钉钉等即时通信工具参与课堂案例教学。三是由学生采用合适的方式收集刚发生或者正在发生的企业案例并自主完成案例分析，但由教师基于教学目标，明确案例主题、情境内容以及收集方式等要求，并进行全程指导，主要针对缺乏社会资源、难以请到案例嘉宾的情况。

即时型案例教学模式的特点包括：一是案例发生时间具有接近性，即最近发生的事例；二是案例内容具有新颖性，既可能是社会舆论关注的热点问题，也可能是

学生急需了解和解决的问题；三是案例具有典型性，通过该案例的讨论、分析，能够以点带面引起学生的深入思考，具有广泛的借鉴作用。

在即时型案例教学中，针对特邀嘉宾进课堂的两种形式，教师、嘉宾和学生构成了即时型案例教学模式的"金三角"。其中，教师起主导作用，承担诸多责任和任务，如教师必须在短时间内做出反应并进行相关准备工作；案例内容必须为教学内容服务，要求教师具备一定的嗅觉敏感性，教师需及时发现即时型案例，并尽可能及时与案例发生地负责人取得联系，落实邀请事宜。另外，教师有时可能还需对特邀嘉宾予以指导，并引导学生提出问题，控制案例教学的时间、内容和进度等。学生依旧是课堂的主角，一切教学活动都必须以学生的需要为中心（郭文臣，2010）。

即时型案例教学模式与传统案例教学模式的差异在于案例的时效性，与其他案例教学模式的形式差异则在于课堂中出现的特邀嘉宾。对后者而言，嘉宾的理论水平和实践经验、对案例教学的理解、对所介绍案例的熟悉程度、沟通能力等会直接影响即时型案例教学的效果，因此嘉宾的挑选是不可忽视的重要环节（徐小龙，2014）。

【关联条目】

构建主义教学模式、任务驱动型案例教学模式、微型视频案例教学模式

【参考文献】

［1］郭文臣. 即时型案例教学模式探析［J］. 学位与研究生教育，2010（7）：55－58.

［2］徐小龙. 基于 PBL 的即时型案例教学法探索［J］. 金融教学与研究，2014（4）：65－68.

◆建构主义教学模式（Constructivism Teaching）

建构主义教学模式是指以学生为核心，由教师组织、指导与促进，结合真实情境、协作、会话等方式和学习环境的塑造提升学生学习的积极性与主动性，以使学生有效地实现对当前所学知识的意义建构的目的教学模式（黄劲松，2009）。建构主义的教学法摒弃了以教师为中心，强调知识传授，把学生当作知识灌输对象的传统教学模式。

建构主义教学理论并不像行为主义和认知主义理论那样认为世界是客观绝对的，而是认为知识具有相对性、个人性、情境性、文化性等特点，因此建构主义不赞成

知识可以由教师原样不变地传输给学生，认为知识是由学习主体建构而获得的（陈秀兰，2008）。

建构主义教学法的基本思路是通过让学生参与完成一个真实的情境任务，使学生能够主动构建相关的知识，同时也就能实现知识的迁移。在建构主义看来，课本知识只能说是一些信息、信号或符号，不全是有意义，只有通过个体的主动建构，变成认知结构中的知识，它才获得了意义（赵蒙成，2002）。

建构主义的教学理论有以下四个方面的特点：

第一，以学生为中心。以发展学生综合能力为主要教学目标，充分发挥学生的主动性，培养学生积极思维的能力和创造性思维能力，培养和发展学生的知识迁移能力，发展学生的自我反馈能力（何克抗，1997）。

第二，真实情境下的学习。学生需要与周围环境平衡与协调，并在真实情境下进行学习，这对于知识意义的建构起着关键性的作用。

第三，自由探索学习。学生可以在学习环境中自由探索和自主学习，可以利用各种工具和信息资源来实现自己的学习目标。

第四，知识构建是学习的目标。建构主义教学理论强调把学生对知识的意义建构作为整个学习过程的最终目的，学生在知识构建的过程中就可以完成知识的迁移。

【关联条目】

即时型案例教学模式、任务驱动型案例教学模式、微型视频案例教学模式

【参考文献】

［1］黄劲松．基于建构主义的工商管理案例教学方法论［J］．管理案例研究与评论，2009，2（5）：350－355．

［2］赵蒙成．建构主义的教学方法评析［J］．外国教育研究，2002（9）：15－19．

［3］何克抗．建构主义的教学模式、教学方法与教学设计［J］．北京师范大学学报（社会科学版），1997（5）：74－81．

［4］陈秀兰．社会建构论：建构主义教学理论研究的新取向［J］．现代教育科学，2008（1）：1－5．

◆任务驱动式案例教学

（Task – Driven Case Teaching Approach）

　　任务驱动式案例教学是以建构主义学习理论为基础，在吸收了案例教学、任务驱动教学以及实践教学的优点下提出的，适用于实验性、实践性与可操作性较强的教学内容，是以富有趣味性，能够激发学生学习动机与好奇心的情景为基础，以案例为载体，在制定的若干具体任务中隐藏将要学习的知识点，在强烈问题动机与好奇驱动下，学生通过自主探究式与团队协作式的方法进行学习，在任务完成过程中构建课程知识框架体系，从而获得知识和技能的教学方法（郭绍青，2006）。

　　任务驱动式案例教学法的特点如下：

　　第一，根据任务类型组建对应的课程知识框架体系，教师将完成任务过程中所需要的相关知识整合起来串成一条线，给学生呈现一条明确清晰的学习线索，并结合案例对课程的基本原理与方法进行强调说明，帮助学生建立起对知识形象直观的认知，增强其认知加工能力。

　　第二，以典型案例为引领。教师通过典型案例的收集和呈现来调动学生学习热情，使课程学习面向工作实际，并通过若干任务来驱动学生构建知识框架体系并提升其分析与解决实际问题的能力。通过设计课程结构对具有较强系统性的课程内容进行细分，罗列出所有重要知识点并选择能够全面覆盖知识点的案例开展教学。

　　第三，以能力培养为本位。教师进行教学设计时采取讨论式、问题式、案例分析、任务启发式等结合的方式来重点培养学生解决实际问题的能力。这也对课堂教学提出了两方面的要求：一是教师要设计的任务需与实际工作紧密衔接；二是教师要创建一个能够支持、保障学习活动正常开展的环境，以促进理论知识向实践知识的迁移。

　　任务驱动式案例教学法的设计思路是根据教学目标和教学内容，遵循"教师引导、学生主体"的基本原则进行师生多维互动。教师"教"的教学设计：精心设计案例—呈现项目任务—细化项目任务—知识铺垫、梳理与引导—任务解读与评价—任务归纳与总结。学生"学"的教学设计：理论知识学习—明确项目任务—思考分析任务—自主探究与团体协作—完成项目任务—归纳总结提高。"教"与"学"各环节均需一一对应，致力于实现师生、生生间的充分交互，充分发挥学生的主观能动性，以便取得良好的教学效果（刘红梅，2016）。

【关联条目】

构建主义教学模式、即时型案例教学模式、微型视频案例教学模式

【参考文献】

［1］郭绍青. 任务驱动教学法的内涵［J］. 中国电化教育，2006（7）：57－59.

［2］刘红梅. 任务驱动式案例教学法的构建与应用［J］. 江苏高教，2016（4）：71－73.

◆微型视频案例的教学模式

（Teaching Mode of Mini Video Case）

微型视频案例的教学模式是在移动学习条件下，嵌入通过微小的视频案例组块，提升让学生获得学习体验，属于非正式学习范畴，通过长时间的、个性化的积累实现对教师专业素质潜移默化的提升，其在案例内容、应用平台、学习环境、培训形式、讨论形式培训方式等多个方面，与传统视频案例有着本质的区别，具体如表2－3－2所示。

表2－3－2　传统视频案例与微型视频案例在师资培训中的异同点

实践环节	传统视频案例	微型视频案例
案例内容	完整	片段
应用平台	电脑	手持移动设备
学习环境	固定	复杂
培训形式	集中	分散
讨论形式	面授	借助媒体技术手段
制作方式	超媒体	片段，松散
学习方式	正式的	非常式

微型视频案例的教学模式围绕案例结构与教学流程等维度进行立体化构建，其中案例结构主要包括案例片段、案例问题和案例评价；教学流程主要以案例教学的基本流程为框架，包括资源准备、课堂观察、案例讨论、角色扮演、实践反思等环节。微型视频案例的教学模式如图2－3－2所示。

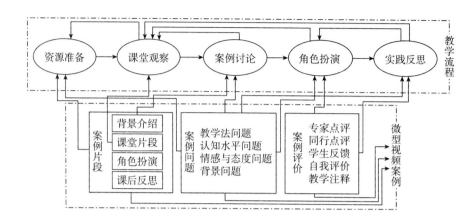

图 2 - 3 - 2　微型视频案例的教学模式

【关联条目】

构建主义教学模式、即时型案例教学模式、任务驱动型案例教学模式

【参考文献】

吴祥恩．移动学习背景下微型视频案例与其创新应用［J］．中国电化教育，2012（6）：73 - 77.

案例研究篇

.

一

案例研究类型

◆ 单案例研究 （**Single Case Study**）

根据个案的数量，案例研究方法可分为单案例研究与多案例研究。单案例研究是一种将个案看作独立整体而进行全面分析的案例研究方法（Yin，2014）。

案例研究既可以使用单个案例（Single Case），也可以包含多个案例（Multiple Cases）（Meredith，1998）。单案例研究与多案例研究并无优劣之分，两者各有所长，各有不足（Yin，2014）。相比于多案例研究方法，单案例研究能够保证案例研究的深度，并能更好地了解案例的背景（Dyer & Wilkins，1991）。Yin（2014）认为，单案例研究不但具有描述与探索功能，而且还有解释功能。

常见的单案例研究方法有纵向单案例研究方法、探索性单案例研究方法、探索性纵向单案例研究方法等。围绕个案的发展历程，对案例背后的管理问题进行分析时，可采用纵向单案例研究方法。当用个案探索确认或挑战一个理论时，可采用探索性单案例研究方法。探索性纵向单案例研究方法是纵向单案例研究方法与探索性单案例研究方法的综合。

Yin（2014）把单个案例和多个案例的研究分为全面的案例研究和内嵌的案例研究，这样就产生了四种案例研究的组合。一个全面的研究只有一个主要的研究单位，而一个内嵌的案例研究除一个主要的研究单位以外还包括一些子单位。例如，在一个组织管理的研究中，某个组织可以被看作一个主要的研究单位，其下的部门就可以被看作子单位。

【关联条目】

多案例研究

【推荐阅读】

万倩雯，卫田，刘杰. 弥合社会资本鸿沟：构建企业社会创业家与金字塔底层个体间的合作关系——基于 LZ 农村电商项目的单案例研究［J］. 管理世界，2019，35（5）：179－196.

Hampel C E，Tracey P. How organizations move from stigma to legitimacy：The case of Cook's travel agency in Victorian Britain［J］. Academy of Management Journal，2017，60（6）：2175－2207.

【参考文献】

［1］Yin R K. Case study Research：Design and Methods（5rd edition）［M］. Los Angeles：Sage Publications，2014：221.

［2］Meredith J. Building operations management theory through case and field research［J］. Journal of Operation Management，1998（16）：441－454.

［3］Dyer Jr W G，Wilkins A L. Better stories，not better constructs，to generate better theory：A rejoinder to Eisenhardt［J］. Academy of Management Review，1991，16（3）：613－619.

◆多案例研究（Multiple Case Study）

多案例研究也称跨案例研究或比较案例研究，是指在研究过程中，使用两个或以上个案进行相关理论检验或验证的案例研究方法（Yin，2014）。

与单案例研究相比，多案例研究是一种更常用的案例研究方法。多案例研究遵从复制而非统计抽样原则，其基本原理是每一个案例都要经过精挑细选，挑选出来的案例要么能产生相同的结果（逐项复制，Literal Replication），要么能由于可预知的原因而产生与前一研究不同的结果（差别复制，Theoretical Replication）。通常，从多个案例中推导出的结论往往被认为更具说服力，研究结论更经得起推敲（Eisenhardt，1989；Eisenhardt & Graebner，2007；Yin，2014）。

多案例研究有案例内分析（Within－ease Analysis）和跨案例分析（Cross－case Analysis）两个阶段（Yin，2014；Eisenhardt，1989）。Yin（2014）和 Eisenhardt（1989）系统地给出了多案例研究的基本步骤，主要分为界定与设计、准备与收集资料、分析与总结三个阶段，同时，以下三点需尤为注意：

首先，进行理论框架构建。理论框架需要申明在哪些条件下某一特定的现象有可能出现（逐项复制），或者在哪些情况下某一特定现象不可能出现（差别复制），每一个案例都是一个完整的案例，如果某一结论成立，那就要进行一次复制的过程，以对上一个案例进行检验（Yin，2014）。

其次，对于每一个单独的案例都要撰写研究报告，报告中要解释原理论假设成立与否的理由。所有的案例合并时需要再次撰写多案例分析报告，报告中要阐明复制的逻辑，并解释为什么有些案例的分析结果与其理论假设相符合，而有些案例的分析结果与其理论假设不符合。

最后，在对某一个案例进行研究时，如果发现其与最初的研究方案不匹配或者案例的实证结果与原来的理论假设有冲突，那么就要在进行下一个案例研究之前对原有的研究方案或理论假设进行重新设计或修改。Eisenhardt（1989）在其案例研究的一般步骤中也强调研究者可能需要根据跨案例研究反馈的信息对研究问题进行重新定义。

【关联条目】

单案例研究

【推荐阅读】

许晖，王亚君，单宇."化繁为简"：跨文化情境下中国企业海外项目团队如何管控冲突？[J]. 管理世界，2020，36（9）：128-140，185，141.

肖静华，吴瑶，刘意，谢康. 消费者数据化参与的研发创新——企业与消费者协同演化视角的双案例研究[J]. 管理世界，2018，34（8）：154-173，192.

Martin J A，Eisenhardt K M. Rewiring：Cross-business-unit collaborations in multi-business organizations[J]. Academy of Management Journal，2010，53（2）：265-301.

【参考文献】

[1] Yin，R. K.，Case study Research：Design and Methods（5rd edition）[M]. Los Angeles：Sage Publications，2014.

[2] Eisenhardt K M. Building theories from case study research.[J]. Academy of Management Review，1989，14（4）：532-550.

[3] Eisenhardt K M，Graebner M E. Theory building from cases：Opportunities and challenges[J]. Academy of Management Journal，2007，50（1）：25-32.

◆探索性案例研究 （Exploratory Case Study）

探索性案例研究是在案例分析前并没有明确的理论假设但需事先建立严格的分析框架、致力于寻找对事物的新洞察的案例研究方法（盛南和王重鸣，2008；唐权和杨立华，2011）。

根据探索领域和程度的不同，探索性案例研究可以分为完全探索性案例研究和局部探索性案例研究两类（苏敬勤和崔淼，2011）。

现有案例研究类型的经典划分由 Yin（2017）提出，包括探索性（Exploratory）、描述性（Descriptive）和解释性（Explanatory），其中，描述性案例研究与解释性案例研究均属于验证性案例研究（苏敬勤和崔淼，2011）。Eisenhart（1989）将案例研究划分为描述型、理论检验型和理论构建型。三种案例比较如表 3-1-1 所示。

表 3-1-1　完全探索性、局部探索性、验证性案例研究的比较

比较项目	完全探索性案例研究	局部探索性案例研究	验证性案例研究
理论回顾	确定研究性质；选定研究主题；提供理论与方法借鉴	确定研究性质；服务于案例研究草案设计；为选定访谈对象奠定基础	确定研究性质；识别要素间关系及竞争性研究假设；细化要素维度；为选定访谈对象奠定基础
访谈对象选择	大范围→逐渐聚焦；链式抽样；信息获取量与受访者数量；呈倒抛物线	基于理论回顾分解研究子题；细化访谈问题，从而选定访谈对象；中/高度相关（平衡资源）；信息获取量与受访者数量呈倒"U"型	基于理论回顾分解研究子题并细化访谈问题，从而选定访谈对象；高度相关（平衡资源）；信息获取量与受访者数量呈倒"U"型
访谈问题设计	回答"是什么"、"如何"以及"为什么"的问题；识别关键/典型事件/实践；描绘事件/实践脉络；识别关键概念、细化概念并建立关系	回答"如何"和"为什么"的问题；关注要素的维度以及要素维度之间关系的构建、验证与机理解析	回答"为什么"的问题；类量表形式的开放式访谈问题

【关联条目】

完全探索性案例研究、局部探索性案例研究

【推荐阅读】

余维臻，陈立峰，刘锋．后发情境下创业企业如何成为"独角兽"——颠覆性创新视角的探索性案例研究［J/OL］．科学学研究：1 - 14［2021 - 02 - 08］．http：//gfffg98fd6ef2c90249f3s65cfxf5npw5x6ppb.fgfy.lerms.jxufe.edu.cn/10.16192/j.cnki.1003 - 2053.20200924.006.

陈占夺，齐丽云，牟莉莉．价值网络视角的复杂产品系统企业竞争优势研究——一个双案例的探索性研究［J］．管理世界，2013（10）：156 - 169.

【参考文献】

［1］Yin R K. Case study Research：Design and Methods（5rd edition）［M］. Los Angeles：Sage Publications，2014：12.

［2］Eisenhardt K M. Building theories from case study research［J］. Academy of Management Review，1989，14（4）：532 - 550.

［3］盛南，王重鸣．社会创业导向构思的探索性案例研究［J］．管理世界，2008（8）：127 - 137.

［4］苏敬勤，崔淼．探索性与验证性案例研究访谈问题设计：理论与案例［J］．管理学报，2011，8（10）：1428 - 1437.

［5］唐权，杨立华．再论案例研究法的属性、类型、功能与研究设计［J］．科技进步与对策，2016，33（9）：117 - 121.

◆局部探索性案例研究（Partial Exploratory Case Study）

局部探索性案例研究是指理论框架已有初步发展，但就某一个或某一些问题的研究还处于起始阶段、缺少参考的案例研究。

局部探索性案例研究的目的是基于已有理论研究成果，或者是基于一种新的研究视角，建立该理论体系中两个或多个仍处于分离状态子理论之间的关系，回答要素关系如何形成以及为什么形成的问题，以修正或完善已有的理论体系的案例研究。

局部探索性案例研究与完全探索性案例研究在理论回顾深入性、数据收集范畴、访谈对象与方式等方面有区别。在局部探索性案例研究中，理论回顾有助于厘清研究性质、设计研究草案以及明确访谈对象，因此理论回顾需更为深入。

局部探索性案例研究要同时解答"如何"及"为什么"的问题。研究者需要落实两个环节：第一，明确研究中的要素构成，并分析要素的相关特点和规律，完成对要素基本架构的解析；第二，基于不同要素特征和规律之间的联系，解析要素的关系模式以及背后的形成或作用机理。一般而言，对要素特征和规律或是要素之间关系的每个访谈问题都是由多个子问题组成的，以便从过程、要素维度或其他视角获取问题答案。

【关联条目】

探索性案例研究、完全探索性案例研究

【推荐阅读】

Ozcan P, Eisenhardt K M. Origin of alliance portfolios：Entrepreneurs, network strategies, and firm performance［J］. Academy of Management Journal, 2009, 52（2）：246 – 279.

Faems D, Janssens M, Madhok A, et al. Toward an integrative perspective on alliance governance：Connecting contract design, trust dynamics, and contract application ［J］. Academy of Management Journal, 2008, 51（6）：1053 – 1078.

【参考文献】

苏敬勤，崔淼. 探索性与验证性案例研究访谈问题设计：理论与案例［J］. 管理学报，2011，8（10）：1428 – 1437.

◆完全探索性案例研究 （Fully Exploratory Case Study）

完全探索性案例研究指那些在全新研究领域内开展的，或已有理论少甚至无理论成果可供借鉴的案例研究，如医务工作中对新发现的某种疾病的症状、起因、治疗方案的研究。

在完全探索性案例研究中，研究者需要广泛收集各类信息并进行系统而深入的数据收集工作。信息来源的广泛性可为后续理论研究奠定坚实的数据基础。数据收集的系统性与深度要求研究者对与管理实践相关的多数主体均进行有针对性的访谈，以应对管理实践的复杂性和时序性。

完全探索性案例研究在目标受访者选择上存在阶段差异。在研究初期，研究者的信息十分有限，需根据初始受访者提供的信息进行链式抽样，确定其他受访者。此时，研究者无须控制受访者的相关度。在研究中后期，随着访谈的进行以及在其他数据收集方式的协同下，信息量将逐渐收敛，此时研究人员则可有针对性地选择受访对象，以获取深度信息，直至冗余信息的出现。在完全探索性案例研究中，通过访谈获取的信息量与受访者数量之间的关系呈倒抛物线型。

完全探索性案例研究中访谈问题的载体——访谈提纲的设计通常可以分为两个阶段：第一阶段是研究者信息缺失阶段，第二阶段则是研究者信息较为充足阶段，两个阶段以数据信息是否收敛为依据划分。

【关联条目】

探索性案例研究、局部探索性案例研究

【推荐阅读】

欧阳桃花，郑舒文，程杨．构建重大突发公共卫生事件治理体系：基于中国情景的案例研究［J］．管理世界，2020，36（8）：19-32.

Collins J C，Porras J I．Built to Last：Successful Habits of Visionary Companies［M］．New York：Harper Collins Publishers，1997.

【参考文献】

苏敬勤，崔淼．探索性与验证性案例研究访谈问题设计：理论与案例［J］．管理学报，2011，8（10）：1428-1437.

◆ 描述性案例研究（Descriptive Case Study）

描述性案例研究是对人、事件或情景的概况做出准确描述，旨在描述现实生活中一种现象（Yin，2014），主要为某一理论的成立提供实证支持，通常用于教学而非研究的案例研究（盛南和王重鸣，2008；唐权和杨立华，2011）。

描述性案例研究可以满足多种研究目的，但通常要满足两个要求：第一，描述一个情境，即"怎么样"，比如呈现一种罕见的或者一般情况下研究者难以获得的情境。以临床和神经学研究为例，文献中常见的一种描述性案例研究侧重于症状奇特或者行为显著、值得继续研究的案例（Yin，2014）。第二，在研究开始之前明确描述性理论，作为后续研究的支撑。

【关联条目】

验证性案例研究、解释性案例研究

【推荐阅读】

肖海林，闻学. 超级竞争条件下企业整体管理的基本维度与共生型控制模式——一个描述性案例研究［J］. 管理世界，2006（12）：131-141.

汤谷良，穆林娟，彭家钧. SBU：战略执行与管理控制系统在中国的实践与创新——基于海尔集团 SBU 制度的描述性案例研究［J］. 会计研究，2010（5）：47-53+96.

Levina N，Orlikowski W J. Understanding shifting power relations within and across organizations：A critical genre analysis［J］. Academy of Management Journal，2009，52（4）：672-703.

【参考文献】

［1］Yin R K. Case study Research：Design and Methods（5rd edition）［M］. Los Angeles：Sage Publications，2014：60，250，270.

［2］盛南，王重鸣. 社会创业导向构思的探索性案例研究［J］. 管理世界，2008（8）：127-137.

［3］唐权，杨立华. 再论案例研究法的属性、类型、功能与研究设计［J］. 科技进步与对策，2016，33（9）：117-121.

◆ 解释性案例研究（Explanatory Case Study）

解释性案例研究是对情境进行考察，旨在解释情境产生的原因和过程（如一系列事件如何以及为什么会或不会出现），一般在案例分析之前就已经建立若干竞争性的理论假设，适合用于相关性与因果分析的案例研究（盛南和王重鸣，2008；唐权和杨立华，2016）。

解释性案例研究通常要回答"为什么"出现某一情境，一些最经典的、最著名的案例研究都属于这一类案例研究，因此有其存在的价值（Yin，2014）。

解释性案例研究通常采用案例描述的方式解释问题机理，但会受到所研究案例的局限，理论的可拓展性较差。有意义的解释性案例研究应在理论上有显著意义，从具体的案例上升到理论层面，能够解释同类的案例（苏敬勤和崔淼，2011）。基于此，Yin（2017）提出了解释构建案例分析技术，专门为解释性案例研究服务。

【关联条目】

描述性案例研究、示范性案例研究

【推荐阅读】

李华晶，王睿．知识创新系统对我国大学衍生企业的影响——基于三螺旋模型的解释性案例研究［J］．科学管理研究，2011，29（1）：114 – 120.

Chong H Y，Wong J S，Wang X. An explanatory case study on cloud computing applications in the built environment［J］．Automation in Construction，2014，44：152 – 162.

【参考文献】

［1］Yin，R. K.，Case study Research：Design and Methods（5rd edition）［M］．Los Angeles：Sage Publications，2014：60，173 – 177，271.

［2］盛南，王重鸣．社会创业导向构思的探索性案例研究［J］．管理世界，2008（8）：127 – 137.

［3］苏敬勤，崔淼．工商管理案例研究方法［M］．北京：科学出版社，2011：120.

［4］唐权，杨立华．再论案例研究法的属性、类型、功能与研究设计［J］．科技进步与对策，2016，33（9）：117 – 121.

◆嵌入式案例研究（Embedded Case Study）

嵌入式案例研究存在多个分析单元，使用抽样技术或者簇群技术（cluster techniques）（Clintock，1985）抽取出次级分析单位，通过对主分析单位与次级分析单位的考察而开展的案例研究（Yin，2014；韦影和王昀，2017）。另一种翻译是嵌套式案例研究（罗顺均等，2015）。

嵌入式案例研究的特点包括：第一，分析单位嵌入层次不宜超过三层。研究设计大多以行动主体为分析单位，主要包括微观层次的企业、高管团队、事业部以及个人，少数研究涉及中观层次的领域和社会网络等，注意不能因过分追求理论的复杂性而设计过多的嵌入层次。根据所研究的管理问题，分析单位以两个层次（大多数嵌入式案例研究的做法）为宜，最多不超过三个层次。

第二，主分析单位层次可高可低。由研究问题和研究的主要兴趣点决定。大多数研究将企业作为主分析单位，以自下而上的视角考察嵌入于企业中的事业部、团队等次级分析单位对主分析单位产生的影响，少数研究将较低层次的分析单位作为主分析单位。

第三，分析单位可为变量。研究中作为分析单位的变量多是对主分析单位的深度挖掘，即同一主体不同时期或者同一时期不同主体的不同行为。

嵌入式案例研究适用的研究类型较为广泛，既适于理论构建型的案例研究，也适于构建机制模型和过程模型的研究（Eisenhardt，1989）。由于案例研究论文对理论贡献的要求提升，绝大多数现有文献采用理论构建型嵌入式案例研究方法。从理论模型的分类来看，现有研究偏重构建机制模型，但过程模型已开始受到学者重视。

嵌入式案例研究的使用方法包括：第一，明确不同层次的分析单位。嵌入式案例研究中的关键之一是在研究设计中明确所涉及的分析单位。一个合理设计的分析单位能够为数据收集确定边界，使案例研究更有针对性和效率。

第二，从主分析单位来到主分析单位去。嵌入式案例研究设计的出发点和落脚点都应该是主分析单位，即形成从主分析单位到次级分析单位，最终回到主分析单位的研究过程。

第三，提出命题以防止研究问题漂移。应用嵌入式案例研究设计要防止研究问题从主分析单位"漂移"到次级分析单位，可以通过提出命题来解决。

第四，从属于案例研究，嵌入式案例研究的设计与写作应遵循案例研究的一般范式，以提高研究的科学性和趣味性。同时，图表有助于研究者理清思路，充分展示数据分析的过程，再现理论推导的过程，可使用汇总性图表提高文章的可读性。

【关联条目】

整体式案例研究

【推荐阅读】

Chen H M，Kazman R，Haziyev S，et al．Big data system development：An embedded case study with a global outsourcing firm ［C］//2015 IEEE/ACM 1st International Workshop on Big Data Software Engineering．IEEE，2015：44 – 50.

李志刚，杜鑫，张敬伟．裂变创业视角下核心企业商业生态系统重塑机理——基于"蒙牛系"创业活动的嵌入式单案例研究 ［J］．管理世界，2020，36（11）：80 – 96.

王凤彬，王骁鹏，张驰．超模块平台组织结构与客制化创业支持——基于海尔向平台组织转型的嵌入式案例研究 ［J］．管理世界，2019，35（2）：121 – 150，199 – 200.

【参考文献】

［1］罗顺均，李田，刘富先．后发追赶背景下"引智"学习促进企业升级的机

制研究——基于珠江钢琴 1987～2013 年嵌套式纵向案例分析［J］. 管理世界，2015（10）：144–159，188.

［2］韦影，王昀. 很复杂，但更精致——嵌入式案例研究综述［J］. 科研管理，2017，38（11）：95–102.

［3］Yin R K. Case study Research：Design and Methods（5rd edition）［M］. Los Angeles：Sage Publications，2014：60，250，270.

［4］Mc Clintock C. Process sampling：A method for case study research on administrative behavior. ［J］. Educational Administration Quarterly，1985（21）：205–222.

［5］Eisenhardt K M. Making fast strategic decisions in high – velocity environments［J］. Academy of Management Journal，1989，32（3）：543–576.

◆理论构建型案例研究
（Theoretical Construction Case Study）

理论构建型案例研究是指通过对社会经济现象进行描述、解释及探索，对现实数据进行分析及挖掘，从而深入理解、总结相关范畴、概念之间的结构以及关系，以期解决定义问题，为新的结构与新的理论形成提供基础，同时认识与探索在特定情境下产生的新内容的一类案例研究（Dubé 和 Paré，2003；张丽华和刘松博，2007）。

理论构建型案例研究往往是"最有趣"的研究（Bartunek et al.，2006），因为理论构建型案例研究更能体现案例研究的归纳逻辑，有益于理论的发展与演化。但是，目前国内理论构建方面的独特贡献较少（苏敬勤和张琳琳，2015）。

理论构建型案例研究对发展理论的作用具体表现在三方面：第一，提出、分析新的研究问题并构建新的理论框架；第二，对发展新理论所使用的研究方法、程序有所贡献；第三，拓展现有理论体系的解释力范围，解决现有理论尚不能予以合理解释的理论问题（余菁，2004）。

类似地，唐权和蒙常胜（2017）提出理论建构型案例研究路径（Theoretically Constructed Case Study Path）包括以下步骤：第一，明确研究目的。研究的社会现象或社会问题没有相关理论或相关理论参照性不强，因而将研究目的定位为"从面对的感兴趣的社会现象中提出全新理论"。第二，进行文献综述，确定从事的是不是一项全新研究，如果是一项全新研究，定义所研究的社会现象或社会问题，界定概念并推测相互关系；不形成任何理论假设，以保持研究的开放性、灵活性，以期在后续研究中得出尽可能多的新理论。第三，明确作为一项理论建构型案例研究，以便选择案例。第四，框定案例总体，通过理论抽样方法选择案例。第五，资料收集与分析。进入现场，收集以质性资料为主的三角证据并进行同步分析，得出阶段性案例研究结果。第六，形成初步理论与假设。第七，三角测量与效度检验，通过证据迭代方式形成构念，通过跨案例的复制逻辑得出初步的研究结果。第八，进行文献对比，将初步研究结果与已有研究结果（既包括矛盾的文献也包括相同或类似的文献）对比。第九，形成研究成果，得出"元理论"或突破性理论（唐权和陶建兵，2014）。

【关联条目】

理论检验型案例研究、理论削弱型案例研究、理论发展型案例研究

【推荐阅读】

Gioia D A，Corley K G，Hamilton A L．Seeking qualitative rigor in inductive research：Notes on the Gioia methodology［J］．Organizational Research Methods，2013，16（1）：15 – 31.

胡海波，卢海涛，王节祥，黄涛．众创空间价值共创的实现机制：平台视角的案例研究［J］．管理评论，2020，32（9）：323 – 336.

江诗松，龚丽敏，魏江．转型经济背景下后发企业的能力追赶：一个共演模型——以吉利集团为例［J］．管理世界，2011（4）：122 – 137.

李飞，李达军，李纯青等．"小而美"的营销神话——基于环意国际旅行社的案例研究［J］．南开管理评论，2018，21（6）：131 – 141.

肖静华，谢康，吴瑶，冉佳森．企业与消费者协同演化动态能力构建：B2C 电商梦芭莎案例研究［J］．管理世界，2014（8）：134 – 151，179.

【参考文献】

［1］苏敬勤，张琳琳．理论构建型案例研究规范性评估——基于内容分析的对比研究［J］．管理评论，2015，27（8）：223 – 233.

［2］唐权，蒙常胜．理论创新视角下案例研究路径的分歧与重构［J］．科技进步与对策，2017，34（8）：15 – 19.

［3］唐权，陶建兵．再探案例研究的类型［J］．科学与社会，2014，4（3）：73 – 85，126.

［4］余菁．案例研究与案例研究方法［J］．经济管理，2004（20）：24 – 29.

［5］张丽华，刘松博．案例研究：从跨案例的分析到拓展现有理论的解释力——中国第二届管理案例学术研讨会综述［J］．管理世界，2007（12）：142 – 145.

［6］Bartunek J M，Rynes S L，Ireland R D. What makes management research interesting，and why does it matter？［J］．Academy of Management Journal，2006，49（1）：

9 – 15.

［7］Dubé L, Paré G. Rigor in information systems positivist case research：Current practices, trendsand recommendations［J］. MIS Quarterly, 2003, 27 (4)：597 – 635.

◆理论验证型案例研究（Theory – confirming Case Study）

理论验证型案例研究，又称验证性案例研究，它是一种以已有理论研究成果为出发点，进一步通过解释或描述剖析变量之间因果关系的案例研究。

理论验证型案例研究也能分为描述性案例研究与解释性案例研究两种类型。在理论验证型案例研究的理论回顾中，要素之间的关系已被其他研究通过定量方法检验，并且被绝大多数研究结论所证实。因此，在解释性案例研究中，理论回顾可用于回顾少量结论没有达成一致的研究，也可以为研究者提出竞争性假设服务。此外，理论验证型案例研究需对理论进行大量且深入的研读，以便收集和整理高信度、高效度的策略数据，服务研究目的。

理论验证型案例研究与局部探索性案例研究相似，两者都可以有针对性地选择访谈对象，但理论验证型案例研究具有更强的针对性，原因在于其更为深入和细致的理论研读工作，以及对已有关于因素的测量维度的收集和整理使得访谈问题变得更为细致，便于确定每个测量维度的问题对应的受访群体及所需获得的相关信息。因此，通过访谈获取的信息量与受访者数量之间的关系呈倒"U"型。

在国际一流期刊上，采用理论检验的方式发展理论的案例研究论文较少见，通常，也不建议初学者开展理论验证型案例研究（李亮等，2020）。

【关联条目】

描述性案例研究、解释性案例研究

【推荐阅读】

Markus M L. Power, politics, and MIS implementation［J］. Communications of the ACM, 1983, 26 (6)：430 – 444.

李飞，陈浩，曹鸿星，马宝龙. 中国百货商店如何进行服务创新——基于北京当代商城的案例研究［J］. 管理世界，2010 (2)：114 – 126，187 – 188.

苏敬勤，崔淼. 核心技术创新与管理创新的适配演化［J］. 管理科学，2010，23 (1)：27 – 37.

吴晓波，付亚男，吴东，雷李楠. 后发企业如何从追赶到超越？——基于机会窗口视角的双案例纵向对比分析［J］. 管理世界，2019，35（2）：151－167，200.

【参考文献】

［1］苏敬勤，崔淼. 探索性与验证性案例研究访谈问题设计：理论与案例［J］. 管理学报，2011，8（10）：1428－1437.

［2］李亮，刘洋，冯永春. 管理案例研究：方法与应用［M］. 北京：北京大学出版社，2020：23.

◆理论削弱型案例研究（Theory－infirming Case Study）

理论削弱型案例研究是在已有的理论框架内对每个案例样本进行分析，以证伪命题假设的案例研究。

理论削弱型案例研究与理论实证型案例研究相对，通过研究得出的结果证伪或证实来区分。某种情况下，基于有限案例样本的理论削弱型案例研究也只能稍微弱化理论框架的可信度。如果上述两种类型的案例研究表明研究中一个变量是极端的或结果是极端的，那么此类案例研究的理论价值就会得到增强，研究也可以被标记为"关键实验"或命题的关键检验。

【关联条目】

理论构建型案例研究、理论验证型案例研究

【参考文献】

Lijphart A. Comparative Politics and the Comparative Method［J］. American Political Science Review，1971，65（3）：682－693.

◆纵贯性案例研究（Longitudinal Case Study）

纵贯性案例研究是指时间跨度长、通常针对某一特定的情境、专注研究某一分析单元（如高管团队）或者多个分析单元（如高管团队与组织、决策等）的案例研究。

应用相对广泛的是单一情境下的纵贯性案例研究（Longitudinal Single－Context

Studies，LSCS）。单一情境下的纵贯性案例研究具有以下研究优势：

第一，增强被访者的信任，基于长时间访谈和接触形成的这种信任对敏感群体非常重要，也有助于与被访者讨论敏感话题如信任、身份变化等。

第二，获得高质量的数据。通过高质量的数据，研究者可以识别变化，跟踪变化的过程，并随时间的延伸不断修正或验证单元内和单元间的模式并调整研究设计。

第三，深入细致的学习。被访者与研究者的真实分享，能够为研究者带来新的视角，有助于研究者进行深入观察，进而获得细致入微的理解。

【关联条目】

演绎式案例研究、归纳式案例研究

【推荐阅读】

Van den Bosch F A J, Volberda H W, De Boer M. Coevolution of firm absorptive capacity and knowledge environment：Organizational forms and combinative capabilities ［J］. Organization Science，1999，10（5）：551 – 568.

朱方伟，于淼. 基于技术知识系统的企业技术能力演化研究［J］. 科研管理，2015，36（1）：63 – 71.

【参考文献】

苏芳，黄江明. 质性研究设计与写作的若干策略——"中国企业管理案例与质性研究论坛（2012）"会议综述［J］. 管理世界，2013（2）：136 – 140.

◆演绎式案例研究（Deductive Case Study）

演绎式案例研究是采用演绎式逻辑开展，即从一个理论假设出发，采用演绎式逻辑在数据收集的基础上进行分析的案例研究。

演绎式案例研究的逻辑分析范式为"研究假设—研究构念的测量—数据收集—数据分析—研究结论"，逻辑思路如图 3 – 1 – 1 所示。

在演绎式案例研究的假设框架中，构念间的关系通常分为相关关系、因果关系以及情境关系三种类型。其中，相关关系是构念之间伴随发生的情形，或者共同变化的状态，或者表现其伴随变化的程度；因果关系包括直接型因果关系（Direct Effect）、中介型因果关系（Mediating Effect）和调节型因果关系（Moderating Effect）；情境关系用于描述在某一（些）情境下会引发某一结果的产生，通常情况下仅出现在案例研究假设中。上述关系在实证研究中同样成立，与案例研究的差异主要在构念、变量的测量操作方面。

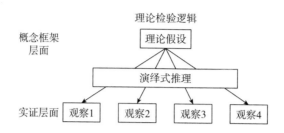

图 3 -1 -1　演绎式案例研究的逻辑思路

【关联条目】

归纳式案例研究

【推荐阅读】

刘林青，谭畅，江诗松，雷昊. 平台领导权获取的方向盘模型——基于利丰公司的案例研究［J］. 中国工业经济，2015（1）：134 - 146.

【参考文献】

［1］苏敬勤，崔淼. 工商管理案例研究方法［M］. 北京：科学出版社，2011：38 - 45.

［2］Siggelkow N. Persuasion with case studies［J］. Academy of Management Journal，2007，50（1）：20 - 24.

◆ 归纳式案例研究（Inductive Case Study）

归纳式案例研究是采用归纳式逻辑开展，即从一个或多个观察现象出发，在对现象进行总结式分析的基础上，从现象升华到理论的案例研究。其逻辑分析范式为"概念析出—研究假设"，逻辑思路如图 3 -1 -2 所示。其中，概念析出是研究者基于所观察的现象，创造一个新概念的过程，所指概念是已有理论中并不存在，或是研究不成熟，研究人员只能描述所观察到的现象中的某一方向。

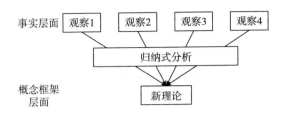

图 3 - 1 - 2　归纳式案例研究的逻辑思路

在归纳式案例研究中，概念析出要经过观察现象、明确内涵、析出概念三个阶段，并且概念析出的全过程都需基于严谨的扎根理论进行，以完成概念的创造工作。此外，最终提出的研究假设也应该进行进一步的实证检验，这时既可以使用问卷调查研究方法完成实证检验，也可以采用演绎式案例研究完成实证检验，实证检验方法选择的依据是研究问题的类型。

同时，研究者还提出了一种基于扎根理论析出全新概念的方法——不间断比较法。不间断比较法指研究者将研究发现与先前发现或现有研究思路观点进行比较。在运用过程中，研究者需要多轮次进行比较，因此，在归纳式案例研究中，概念析出是一个循环往复的过程。此外，进行不间断比较时，研究人员还需要依靠编码辅助。

【关联条目】

演绎式案例研究

【推荐阅读】

Garg S, Eisenhardt K M. Unpacking the CEO - board relationship: How strategy making happens in entrepreneurial firms [J]. Academy of Management Journal, 2017, 60 (5): 1828 - 1858.

魏江，王丁，刘洋. 来源国劣势与合法化战略——新兴经济企业跨国并购的案例研究 [J]. 管理世界，2020，36 (3): 101 - 120.

谢洪明，章俨，刘洋，程聪. 新兴经济体企业连续跨国并购中的价值创造：均胜集团的案例 [J]. 管理世界，2019，35 (5): 161 - 178, 200.

【参考文献】

苏敬勤，崔淼. 工商管理案例研究方法 [M]. 北京：科学出版社，2011: 38 - 45.

◆ 配对案例研究 （Paired Case Study）

配对案例研究是找出在某一维度上（如长期绩效）有显著差异的成对组织（企业），通过分析其历史行为的差异来解释显著差异原因的研究方法，它是一种独特而又颇具成效的定性研究方法（刘祯，2012）。其方法论如表3-1-2所示。

表3-1-2 配对案例研究方法论

顺序	步骤	描述
1	确定研究问题和分析单元	确定研究问题，并在分析单元中将时间作为控制变量，即表明研究对象是限定在一段时期内，时间的控制变量保证了在行业的配对组中，微软为卓越企业，苹果公司为对照企业的合理性
2	选定研究方法：配对法	配对法是多案例研究与对比案例研究的结合，有助于提高内部效度，即变量之间因果关系推论的可信度，从而找出真正产生导致企业成功的因素
3	选择研究的样本空间	研究样本为在1971~1990年上市的美国公司，这些企业在上市初期都非常年轻、规模小，相对比较脆弱，易受到不确定性环境的影响
4	确定出绩效异常出色的企业（"十倍领先者"）	（1）持续高水平绩效：连续超过15年以上绩效水平远高于平均水平 （2）逆境成长：在充满不确定性和不可控的环境动荡中获得的持续高水平绩效 （3）低起点，由弱到强：企业的成长起点都很脆弱，年轻且规模较小
5	选出对照企业	（1）相似性，即对照企业在上市之初与十倍领先者非常接近，相同的行业、相仿的年龄、相近的规模 （2）中等水平，即对照企业能够反映平均的股市绩效，从而易于对照反映卓越企业的十倍领先
6	数据收集：历史进程	（1）收集数据的来源主要有商业报道和文章、商学院案例、专著、年报、企业分析报告、行业资料、直接从企业获得的材料、企业财务数据 （2）收集数据的方向主要有领导力、成立基础、战略、创新、组织结构、组织文化、运营实践、人力资源管理、技术运用、销售和利润走势、关键行业事件、主要的走运和厄运事件、反应速度
7	进行分析	（1）对内分析：找出导致组内差异的原因，找出可以解释同一组中绩效差异的可能原因，这些可能的解释需要满足两个条件，首先必须要求强有力的证据表明这种原因是两者的显著差异，其次，这种原因可以解释其影响绩效结果的因果机理 （2）对间分析：统计组间的规律，找出在大多数组中都存在的原因 （3）形成概念：借助对内分析和对间分析，确定可以解释绩效差异的主要概念

续表

顺序	步骤	描述
8	局限与讨论	任何一种研究方法都有其优缺点，因此需在最后也对一些可能的问题进行探讨并给予解释，如那些采取了本书研究成果的企业是否也能够获得这种成功？可从四个角度回答。 （1）样本数量局限：并没有对所有目标企业进行研究，所以不能完全证实这种肯定的答案 （2）数据来源众多：数据收集源于诸多行业，这种多样性降低了其研究成果只适合单一企业或行业的可能性 （3）研究的可能性：研究并非主张"确定的因果律"，而是"可能的因果律"，该成果可以提高成功的可能性而非一定成功 （4）样本企业的成功建立在实践了本书的所有原理上，如果一些公司仅仅实践了其中的一条或者小部分，无法复制同样程度的成功

注：根据刘祯（2012）与 Collins（2011）的研究整理。

【关联条目】

单案例研究、多案例研究

【推荐阅读】

Crilly D，Sloan P. Enterprise logic：Explaining corporate attention to stakeholders from the "inside – out" ［J］. Strategic Management Journal，2012，33（10）：1174 – 1193.

成瑾，白海青，刘丹. CEO 如何促进高管团队的行为整合——基于结构化理论的解释［J］. 管理世界，2017（2）：159 – 173.

【参考文献】

［1］刘祯. 结果讨论与定性研究的若干差异——AMJ 主编建议综述［J］. 管理学家（学术版），2012（6）：48 – 62.

［2］Collins J，Hansen M T. Great by Choice：Uncertainty，Chaos and Luck – Why some thrive despite them all ［M］. Random House，2011：8 – 13.

◆ 非理论案例研究（Atheoretical Case Study）

非理论案例研究是完全描述性的并且研究问题处于理论真空中的案例研究，大多是传统的单一国家现象分析或单一案例分析。既不受既定或假设概括的指导，也不受制定一般假设愿望的驱使。因此，这些案例研究的直接理论价值是零，但适于解决特定研究问题。

纯粹描述性的案例研究确实可以作为数据收集的基本操作，并间接地促进理论构建。在非理论案例研究中，若对收集的数据基于理论导向进行二次分析，在某种程度上"这些研究的累积效应将导致富有成效的推广"。非理论案例研究是案例研究中的一种理想类型，实际情况不可能存在，因为几乎所有对单个案例的分析都至少受到模糊的理论概念与其他案例的轶事或知识的引导，并且会产生具有更广泛适用性的模糊假设或结论。此类案例研究通常由对案例本身的兴趣驱动（Lijphart，1971）。

【关联条目】

阐释性案例研究

【参考文献】

Lijphart A. Comparative Politics and the Comparative Method ［J］. American Political Science Review，1971，65（3）：682－693.

◆ 阐释性案例研究（**Interpretative Case Study**）

阐释性案例研究是由对案例的兴趣引发的、明确使用既定的理论命题的案例研究。与非理论案例研究类似，其被选择用于分析是因为对案例的兴趣而非对一般理论的表述感兴趣，两者的区别在于阐释性案例研究明确地使用了既定的理论命题。

在阐释性案例研究中，对一个具体案例进行理论归纳的目的是诠释案例，而不是以任何方式对理论归纳进行优化。因此，阐释性案例研究是应用科学的研究，由于其研究目的不是为经验概括做出贡献，因此其在理论建构方面的价值是零。经验理论的发展为阐释性案例研究做了背书，但受情境约束，此类研究多用于政治学理论研究。

【关联条目】

非理论案例研究

【推荐阅读】

Hudson M C. A Case of Political Underdevelopment ［J］. The Journal of Politics, 1967, 29（4）: 821 – 837.

【参考文献】

Lijphart A. Comparative Politics and the Comparative Method ［J］. American Political Science Review, 1971, 65（3）: 682 – 693.

◆异常案例研究（Deviant Case Study）

异常案例研究是对偏离已知理论框架的异常案例样本进行深度分析、挖掘背后理论依据的案例研究。

选择这些异常案例通常是为了揭示案例样本偏离的原因，即揭示以前未考虑的相关附加变量，或者细化某些或所有变量的（操）定义。通过这种方式，异常案例研究推翻了原始命题的内涵与边界，提出了一个可信度更强的改进命题，可以具有较大的理论价值，有利于深化对理论的认知，明确理论的适用情景，增强理论与实践的匹配性。但必须注意，应通过进一步的比较分析来确定改进后的命题的有效性。

【关联条目】

示范性案例研究

【推荐阅读】

Torpe L. Social capital in Denmark: a deviant case? ［J］. Scandinavian Political Studies, 2003, 26（1）: 27 – 48.

Steinlin S, Trampusch C. Institutional shrinkage: The deviant case of Swiss banking secrecy ［J］. Regulation & Governance, 2012, 6（2）: 242 – 259.

【参考文献】

Lijphart A. Comparative Politics and the Comparative Method ［J］. American Political Science Review, 1971, 65（3）: 682 – 693.

◆示范性案例研究（Demonstrative Case Study）

示范性案例研究是指某些优秀的，能够起到示范代表性作用的案例研究。即使案例研究者已经采用了最基本的技术，如设计案例研究草案、保持例证的一致性、建立案例研究资料库等，仍然可能难以做出示范性案例研究。

示范性案例研究的五大特征如下：第一，必须要有价值。具体表现为，研究的案例或案例群并不常见，能够引起公众的兴趣；从理论角度、政策或从实践角度看，议题具有全国性的意义，或者前两个条件都得满足。

第二，必须完整。案例研究实施过程中完整性是非常重要的，这和设定一套实验室试验的完整性同样重要。对于案例研究而言，完整至少有三种表现方式。首先，明确而详细地说明该案例的边界，即被研究的现象与背景之间的区别，可通过逻辑论证或通过陈述证据表明；其次，案例证据记录收入脚注、附录部分，让读者确信研究者已经搜罗了限定范围内几乎所有的证据；最后，提前或及时察觉研究条件的限制，设计一项能够在这些有限条件下完成的案例研究。

第三，报告必须考虑不同的观点。具体表现为，从对立的角度分析资料，如在案例研究报告中引述竞争性解释或其他观点，这对探索性或描述性的案例研究同样适用。要充分体现各种来自不同角度的观点，研究者必须找出那些最能挑战案例研究设计的对立观点。这些角度可能在互补的文化观点中、不同的理论中、参与案例研究的人或决策者的不同想法中，或者一些类似的对比中找到。

第四，必须有足够的证据。具体表现为，客观地陈述证据，同时提供支持性和质疑性的资料，以便读者自行判断某种分析解释是否合理；表明其中每一个实例都是被平等看待的，对案例的投入充分，综合各实例得出的结论客观，提供上述状态的充实证据以获取读者信任；充分陈述重要证据时应善用提示，说明研究者仔细考虑过证据的效度，几个恰到好处的脚注、引言中的表述、图表的注解都有助于体现研究效度。

第五，必须以吸引读者的方式撰写案例研究报告。书面报告既要有清晰的写作风格，又要能不断吸引读者阅读。一份好的报告应具有吸引读者、引人入胜、极具诱惑力的特征，这要求研究者必须对相关调查研究感兴趣，愿意广泛交流自己的研究成果，将热情贯穿整个研究过程。

【关联条目】

异常案例研究

【推荐阅读】

Hussain A, Vatrapu R, Hardt D, et al. Social data analytics tool: A demonstrative case study of methodology and software [M]. Analyzing Social Media Data and Web Networks. Palgrave Macmillan, London, 2014: 99 – 118.

Pisaniello J D. The Need for Private Dam Safety Assurance Policy – a Demonstrative Case Study [J]. Australian Journal of Emergency Management, The, 1998, 13 (3): 46 – 48.

【参考文献】

Yin, R. K., Case study Research: Design and Methods (5rd edition) [M]. Los Angeles: Sage Publications, 2014: 233 – 240.

◆ 试验性案例研究 (Pilot Case Study)

试验性案例研究是一项初步的案例研究,可类比实验室或"盛装彩排"(Dress Rehearsal),使研究者能从不同角度、采用不同的方法观察试验对象的各个方面,以便制定、测试或完善后面用于正式案例研究的问题、步骤、草案等。

研究者期待能够在试验过程中暴露实际研究中可能遇到的所有问题,有助于提高案例资料收集的质量,并能更清楚地了解某些概念,甚至有机会获得涌现的研究问题,提前弥补理论(研究设计)与现实(实际过程)的差距。另一种翻译为先行案例研究(苏敬勤和张琳琳,2015;Yin,2014)。

一般要求,试验性案例研究使用的资料收集计划尽可能忠于最终的资料收集方案,这一过程所用的数据不应继续用于正式的案例研究。有时,单案例研究设计可用于多案例研究开始时的先行试验个案(Pilot Case),但此时的单案例研究本身并不能称为完全意义上的案例研究。

在试验性案例研究中,选择试验性案例的主要标准是便利性、可接近性和地理上的相近,具体表现在参与试验的受访者异常友好、平易近人,双方地理位置相近以及该案例的资料可获得性更高等,它有助于使研究者与试验对象之间建立比"真实"的案例更和谐、更融洽的关系。

试验性案例研究的提问范围更广泛,研究者可以提出比最终资料收集计划更为广泛的问题,这些问题既可以是与研究内容相关的实质性问题,也可以是与研究方法相关的方法论问题。

试验性研究报告与最终的研究报告的区别在于，试验性研究报告必须详细描述研究设计与实际研究程序之间存在的不协调之处。若实施了多次试验性研究，那么报告中要体现出下一个试验性研究的可改善、提高的方面。经过多次重复试验，最后一次试验性研究的试验方案，基本就是案例研究草案的原型（Yin, 2014）。

目前，试验性案例研究的重视程度较低，原因可能有：第一，研究者没有在案例研究中进行披露；第二，基于理论构建型案例研究探索功能的考量，看重研究中的涌现性发现，对试验性研究的修正作用存疑；第三，认为资料收集的预想程序和内容非常完备，无须进行试验性研究（苏敬勤和张琳琳, 2015）。

【关联条目】

理论验证型案例研究、假设生产案例研究

【推荐阅读】

Jassawalla A R, Sashittal H C. An examination of collaboration in high – technology new product development processes［J］. Journal of Product Innovation Management：An International Publication of the Product Development & Management Association, 1998, 15（3）：237 – 254.

Kok R A W, Biemans W G. Creating a market – oriented product innovation process：A contingency approach［J］. Technovation, 2009, 29（8）：517 – 526.

【参考文献】

［1］Yin R K. Case study Research：Design and Methods（5rd edition）［M］. Los Angeles：Sage Publications, 2014：116 – 119 + 272.

［2］苏敬勤, 张琳琳. 理论构建型案例研究规范性评估——基于内容分析的对比研究［J］. 管理评论, 2015, 27（8）：223 – 233.

◆假设生成案例研究（**Hypothesis – generating Case Study**）

假设生成案例研究是从一个或多或少模糊的可能假设的概念开始，试图设定明确的假设，并随后在更多的案例中进行测试的案例研究。

假设生成案例研究的目的是在还没有成熟理论的领域推动理论的构建。如果选择用于分析的案例提供了一种"关键实验"，其中某些感兴趣的变量以特殊的方式出现，那么研究可能具有重要的理论价值。

【关联条目】

试验性案例研究

【参考文献】

Lijphart A. Comparative Politics and the Comparative Method ［J］. American Political Science Review，1971，65（3）：682－693.

二

案例研究范式及研究设计

◆Yin 范式（Yin Methodology）

Yin 范式是指由 Robert K Yin 提出的一种案例研究方法，他认为案例研究实质是一种实证研究。Yin 范式作为一种案例研究方法，其特点是致力于研究处于现实情境中的现象，且待研究的现象和现实情境间的界限并不明显（Yin，2014）。这也就与其他研究方法区分开来，如实验法只强调对现象本身或少数变量的关注，而刻意将现象所处背景剥离，其典型做法为在实验中通过严格控制环境背景仅聚焦于少数变量的变化，从而忽略了充满未知可能的现实环境才是案例研究所要面对的；而历史研究法虽然兼顾考虑了现象和相关联的环境背景，但其关注的往往是过去的情景且相关的事件信息只能通过查阅资料而非访谈获得。

Yin 范式案例研究方法最为核心的内容是其所提出的六阶段研究法，阐述具体的案例研究设计方法包括案例研究的初始计划、设计、准备、收集、分析以及分享六个阶段。

【关联条目】

Eisenhard 范式、SPS 案例研究方法、Gioia 范式

【推荐阅读】

万倩雯，卫田，刘杰. 弥合社会资本鸿沟：构建企业社会创业家与金字塔底层个体间的合作关系——基于 LZ 农村电商项目的单案例研究［J］. 管理世界，2019，35（5）：179 - 196.

Yin R K，Kaftarian S J，Yu P，Jansen M A. Outcomes from CSAP's community partnership program：Findings from the national cross - site evaluation［J］. Evaluation and

Program Planning，1997，20（3）：345 – 355.

【参考文献】

Yin R K. Case study Research：Design and Methods（5rd edition）［M］. Los Angeles：Sage Publications，2014.

◆Eisenhardt 范式（Eisenhardt Methodology）

Eisenhardt（1989）提出用案例研究来构建理论，主张通过复制逻辑来设计多案例研究或跨案例研究。Eisenhardt（1989）主张的案例研究八个步骤如图 3 – 2 – 1 所示。

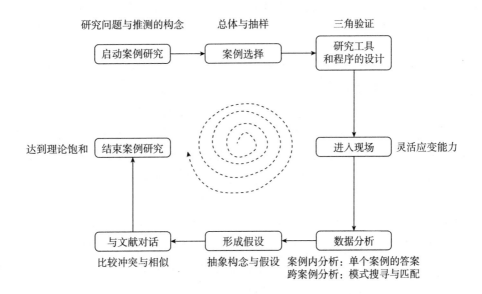

图 3 – 2 – 1 案例研究的八个步骤

资料来源：Eisenhardt（1989）和刘志迎等（2018）。

【关联条目】

Yin 范式、SPS 案例研究方法、Gioia 范式

【推荐阅读】

Eisenhardt K M，Bourgeois L J. Politics of Strategic Decision Making in High – Velocity

Environments: Toward a Midrange Theory ［J］. Academy of Management Journal, 1988, 31（4）: 737 - 770.

Eisenhardt K M. Making Fast Strategic Decisions In High - Velocity Environments ［J］. Academy of Management Journal, 1989, 32（3）: 543 - 576.

【参考文献】

［1］ Eisenhardt K M. Building theories from case study research ［J］. Academy of Management Review, 1989, 14（4）: 532 - 550.

［2］ 刘志迎，龚秀媛，张孟夏. Yin、Eisenhardt 和 Pan 的案例研究方法比较研究——基于方法论视角［J］. 管理案例研究与评论，2018，11（1）: 104 - 115.

◆SPS 案例研究方法

（Structured - Pragmatic - Situational Methodology）

SPS（Structured - Pragmatic - Situational，结构化—实用化—情境化）案例研究方法是汇集欧美案例研究思想与方法为一体的实用案例研究方法，这种方法为亚洲案例研究量身定做，具有较强的可操作性（潘善琳和崔丽丽，2016）。

SPS 案例研究方法最为核心的内容可概况为"3868"。3 大特征，首先是结构化（Structured），即要求研究表达具有一定的结构性，SPS 案例研究方法利用概念模型（Conceptual Model）来展示案例中所隐藏的逻辑，通过模型图的方式使研究的语言文字更具逻辑性。其次是实用化（Pragmatic），这使此类方法具备易操作性和实践特性，旨在指导研究者更快参与到现场实践并在研究时考虑为什么会采用这种方法去分析。最后是情境化（Situational），主要体现在 SPS 案例研究方法的灵活性，如访谈现场或企业的实际情况并不像我们在二手资料中看到的那样，需要灵活的调整方法和随之相应调整构思的理论概念模型。

8 大步骤包含设计循环与提升循环等单元，具体如图 3 - 2 - 2 所示。

6 种案例设计逻辑，即特征逻辑、类比逻辑、组件逻辑、流程逻辑、生态系统逻辑和赋能逻辑。

8 种建模方式，即 SPS 案例研究方法提供了动态建模（包括阶段式建模、流程式建模、流程式建模、转型式建模和路径依赖式建模）与静态建模（分类式建模、布局式建模、对比式建模、多级式建模）两类建模范式。

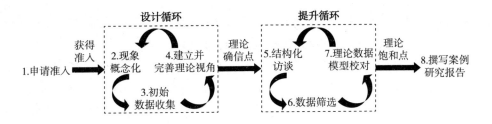

图 3 - 2 - 2　SPS 案例研究方法的 8 大步骤

【关联条目】

Yin 范式、Eisenhardt 范式、Gioia 范式

【推荐阅读】

Leong C，Pan S L，Newell S，et al. The emergence of self - organizing ecommerce ecosystems in remote villages of China: a tale of digital empowerment for rural development [J]. MIS Quarterly, 2016, 40 (2): 475 - 484.

胡海波，卢海涛，王节祥，黄涛. 众创空间价值共创的实现机制：平台视角的案例研究 [J]. 管理评论，2020，32 (9): 323 - 336.

肖静华，吴小龙，谢康，吴瑶. 信息技术驱动中国制造转型升级——美的智能制造跨越式战略变革纵向案例研究 [J]. 管理世界，2021，37 (3): 11, 161 - 179, 225.

许晖，邓伟升，冯永春，雷晓凌. 品牌生态圈成长路径及其机理研究——云南白药 1999 ~ 2015 年纵向案例研究 [J]. 管理世界，2017 (6): 122 - 140, 188.

【参考文献】

潘善琳，崔丽丽. SPS 案例研究方法 [M]. 北京：北京大学出版社，2016: 119 - 123.

◆ 静 态 模 型（Static Models）

静态模型是 SPS 案例研究方法中的一类模型。区别于动态模型，静态模型关注研究现象或组织各个组成部分与外界的静态平衡关系。这类模型强调某一时间点的特征，不关注时间变化因素的影响。静态模型能反映企业或研究现象在某一时间点的平衡状态，但无法反映其变化过程。基于 SPS 案例研究方法开发的静态模型包含分类式建模、布局式建模、对比式建模与多级式建模。

分类式建模（Classified Modeling）是研究者要找出研究对象所具备的特征维度，然后分析研究对象在各个特征维度上的差异，从而进行归纳和区分的静态建模方式。同一研究对象的不同特征或状态，或者多个研究对象之间在特质上所表现的差异通过分类式建模能够得到体现。大量归纳与分类的工作使该建模方式适用于多案例研究方法，以及研究对象表现出多种不同状态的单案例研究方法。

布局式建模（Layout Modeling）是一种重点关注探索元素本身特征，而非元素之间的交互过程的建模方式。企业或研究现象中各种元素的归纳和组合能够通过该建模方式得以体现。该方式适用于对对象的多个层面进行探索研究，并选取相同的特征维度来分析研究对象的不同层面。例如，从战略层面、管理层面和操作层面来分析企业成功的因素，并根据资源、能力、文化等特征维度来进行归纳。

对比式建模（Contrastive Modeling）是指通过比较不同的企业或者研究现象，以达到认识其特征或者运作机制目的的一种建模方法。通过两个相似或相互联系的研究现象进行比较，对比式建模能够根据不同的特征维度来呈现或说明运作机制、能力路径、采用战略等差异。采用对比模型的目的是运用比较方法分析多个案例中企业运作的异同点，所以，在对比的两个案例（或现象）之间具有相似性或相互联系时，使用对比式建模进行对比才有意义。

多级式建模（Multistage Modeling）是指在反映一个或多个在不同级别的研究对象各异的互动状态的建模方式。多级式建模方法适用于受访者数据多层级，针对同一个现象通过不同层级的多个模型来研究，可以更立体地了解研究现象，也可以从不同侧面或层级来验证某一过程或机制。

【关联条目】

动态模型

【推荐阅读】

罗瑾琏，唐慧洁，李树文，柳乐．科创企业创新悖论及其应对效应研究［J］．管理世界，2021，37（3）：8，105－122.

吴晓波，付亚男，吴东，雷李楠．后发企业如何从追赶到超越？——基于机会窗口视角的双案例纵向对比分析［J］．管理世界，2019，35（2）：151－167＋200.

【参考文献】

潘善琳，崔丽丽．SPS 案例研究方法［M］．北京：北京大学出版社，2016：147.

◆ 动态模型（**Dynamic Models**）

动态模型是 SPS 案例研究方法中的一类模型。动态模型的核心特征为动态发展，反映不同时间研究现象或组织的变化，描述与时间或顺序有关的研究对象特征、影响变革的事件、事件的序列、事件的环境以及事件的组织等。SPS 方法中的动态模型构建方法包含阶段式建模、流程式建模、转型式建模和路径依赖式建模。

阶段式建模（Staged Modeling）是指对研究现象或者组织的发展历程进行建模的方式，为了凸显事情发展具有不同阶段，通常按时间维度划分。通过阶段式建模的观察和分析，相同的理论元素在不同阶段的变化能够得到清晰的体现。当采访数据为大量关于现象或者公司发展历程的信息时，阶段式建模是值得采用的方式。

流程式建模（Process Modeling）是指基于企业或研究现象的实现过程，对其一系列的行动机制进行挖掘和归纳，并且明晰这些机制的发生、执行及结果，然后将流程的不同抽象层次用清晰、形式化的方法来表示。

采用流程式的思路建模有三个基本要素，分别是流程中的若干活动、流程中的相互作用以及最终流程创造的价值。故流程式建模与阶段式建模并不同。流程式建模更加关注不同阶段之间的关联关系，每个阶段中的活动或行为都遵循一定的顺序及某种承接关系。通常流程式建模能够反映组织在某些方面的最佳实践。

转型式建模（Transformational Modeling）的核心在于"转型"，是一种以探索企业转变机制为核心理念的建模方式。通常以输入元素、转变机制、输出元素的形式呈现。"转"的过程、输入和输出的差异以及在输入和输出之间的发生机制是转型式建模强调的因素。

路径依赖式建模（Path Dependent Modeling）是指在解释依赖于过去的知识轨迹、决策或条件发展而来的特定结果的模型。该建模方法更加关注分析并且概念化得出特定结果之前的潜在逻辑路径。路径依赖式建模虽然也是基于对过去、历史发展而来的过程性进行分析，但这种建模方式特别强调刻画企业的历史发展中导致现有结果的决定性因素或事件及其发展顺序。

【关联条目】

静态模型

【推荐阅读】

肖静华，吴小龙，谢康，吴瑶. 信息技术驱动中国制造转型升级——美的智能制

造跨越式战略变革纵向案例研究［J］. 管理世界，2021，37（3）：11，161 -
179，225.

许晖，邓伟升，冯永春，雷晓凌. 品牌生态圈成长路径及其机理研究——云南白
药 1999 ~ 2015 年纵向案例研究［J］. 管理世界，2017（6）：122 - 140，188.

【参考文献】

潘善琳，崔丽丽. SPS 案例研究方法［M］. 北京：北京大学出版社，2016：
119 - 123.

◆Gioia 范式（Gioia Methodology）

Gioia 等（2013）遵循诠释主义范式开展研究，这也是近年来受到较多关注的一
种研究方法（李亮等，2020）。

Gioia 范式的研究步骤包括。第一，提出引导性的研究问题并开展访谈。提出明
确的研究问题，采用半结构化的访谈法，强调采用受访者的语言进行访谈，即参与
其中（Morgan，1983）。第二，数据分析。调研者通过一阶分析（First - order analy-
sis）和二阶分析（Second - order analysis）对案例数据进行分析，最终得到聚合维度
（Aggregate dimensions），从而涌现研究结论。第三，有效地呈现研究的问题、过程及
理论价值。他强调通过提出问题、研究方法、数据分析、研究发现、研究讨论等部
分来呈现案例成果。

【关联条目】

Yin 范式、Eisenhardt 范式、SPS 案例研究方法

【推荐阅读】

Corley K G, Gioia D A. Identity Ambiguity and Change in the Wake of a Corporate
Spin – Off［J］. Administrative Science Quarterly，2004，49（2）：173 - 208.

单宇，许晖，周连喜，周琪. 数智赋能：危机情境下组织韧性如何形成？——基
于林清轩转危为机的探索性案例研究［J］. 管理世界，2021，37（3）：7，84 -
104.

【参考文献】

［1］Gioia D A，Corley K G，Hamilton A L. Seeking qualitative rigor in inductive research：Notes on the Gioia methodology ［J］. Organizational Research Methods，2013，16（1）：15 - 31.

［2］Morgan G. Beyond method：strategies for social research ［M］. Beverly Hills：Sage，1983.

［3］李亮，刘洋，冯永春. 管理案例研究：方法与运用 ［M］. 北京：北京大学出版社，2020.

◆案例研究设计（Case Study Design）

案例研究设计的本质是用实证资料把需要研究的问题和最终结论连接的逻辑顺序。研究设计不同于研究开展的计划，研究设计的主要目的在于避免所使用的资料与研究问题无关。案例研究的设计包括单案例研究设计和多案例研究设计，它们都可以有一个或多个分析单位，结果就形成了整体性单案例研究设计（Single - case Holistic Design）、嵌入性单案例研究设计（Single - case Embedded Design）、整体性多案例研究设计（Multiple - case Holistic Design）、嵌入性多案例研究设计（Multiple - case Embedded Design）四种。

总体来讲，案例研究法的设计需要注意 5 个要素及其作用，如表 3 - 2 - 1 所示。

表 3 - 2 - 1　案例研究涉及的 5 个要素及其作用

要素	作用
要研究的问题	帮助研究者如何确定要的资料
理论假设	
分析单位	
连接资料与假设的逻辑	帮助研究者明确收集完资料后该怎么做
解释研究结果的标准	

第一，要研究的问题。研究者需要确定研究问题的基本内容，可以采用三个步骤确定研究问题：一是聚焦两个以下的关键话题检索相关文献；二是深度阅读相关话题下的已有重要研究，寻找理论空白点；三是阅读相同主题的相关研究成果，明确研究问题。

第二，理论假设。每个研究假设通常能够指导你关注研究范围内的研究问题。但是，研究者需接受有些研究可能无法提出假设的情况。

第三，分析单位。研究者可以通过两个步骤确定研究的分析单位，一是确定案例对象；二是限定案例的范围。其中，案例的分析单位既可以是人、事件（Event）又可以是小团体、社区、公司组织或其他实体（Entity）。

第四，连接资料与假设的逻辑。在进入案例资料的分析前，研究者在研究设计阶段就要确定选择的主要资料，以便进一步明确研究资料与研究问题的适配度。同时，案例研究者在进行研究设计时尤其需要克服两种情况：一是资料收集过多，但没有分析用途；二是资料收集太少，无法有效开展资料分析。

第五，解释研究结果的标准。竞争性解释通常可以作为解释研究结果的一个标准，通常被解决或拒绝的竞争性解释越多，研究结果越重要。

前三个要素帮助研究者如何确定要的资料，后两个要素帮助研究者明确收集完资料后该怎么做。

【关联条目】

单案例研究设计、多案例研究设计

【推荐阅读】

苏芳，黄江明. 质性研究设计与写作的若干策略——"中国企业管理案例与质性研究论坛（2012）"会议综述［J］. 管理世界，2013（2）：136－140.

韦影，王昀. 很复杂，但更精致——嵌入式案例研究综述［J］. 科研管理，2017，38（11）：95－102.

【参考文献】

Yin, R. K. , Case study Research：Design and Methods（5rd edition）［M］. Los Angeles：Sage Publications，2014：36－46.

◆单案例研究设计（Single – Case Study Design）

单案例研究设计是指通过单个案例把需要研究的问题和最终结论连接所形成的逻辑顺序。单案例研究设计包括整体性案例研究设计和嵌入式案例研究设计。

单案例研究设计有如下五种适用范围，也就是单案例研究设计可适用研究的案例类型：第一，批判性（Critical）案例。该范围下的案例研究设计非常重视其理论或理论假设。通常，理论确定了研究的情境，而理论假设应适用于这些情境，并被认为假设正确，因此，研究者需要采用单案例研究来判断该假设是否真正正确或探索是否有更为恰当的理论解释。适用于该类情境的单案例研究往往能够通过对理论的验证、批判或扩展，促进知识或理论的形成和发展，甚至能够有利于确定某领域的未来研究重点。

第二，极端性（Unusual）案例。该范围下的单案例研究设计需选择可以呈现某一极端、独一无二或不同寻常的案例，该个案通常与理论规范或日常事件相背离。

第三，典型性（Common）案例。该范围下的单案例研究设计目的与第二种极端性情境不同，其选择的案例一般要反映日常事件的社会规律、经验，从而可能体现出与某种理论意义的相关性。

第四，启示性（Revelatory）案例。该范围下的案例研究者要选择研究先前无法探索的现象，从而有机会揭示以往研究难以挖掘的现象背后的理论意义。

第五，纵向（Longitudinal）案例。该范围下的单案例研究设计是对发生在两个及以上时间点的单个案例，按案例时间顺序进行研究。

两种类型的单案例研究设计均可适用于以上五种范围。嵌入性案例研究设计是选取分析单位的次级分析单位的一种研究设计，整体性研究设计则恰恰相反，是采用整体的分析单位进行分析。但两种变式既有相同又有区别，具体如表 3 - 2 - 2 所示。

表 3 - 2 - 2　单案例研究设计的类型及使用范围

单案例研究设计类型	使用的范围	存在的问题
整体性研究设计	适用于分析不存在次级分析单位或用于分析案例的相关理论具有整体属性的研究问题	①研究者通常可能将案例过于抽象化，缺少明确具体的证据 ②最初的研究设计只指向某个问题，但随着研究的增加，出现了新的问题或更多的资料指向另外的研究方向时，便常常需要重新进行研究设计
嵌入性研究设计	适用于拥有主分析单位和次级分析单位的研究问题	研究者容易过于聚焦次级分析单位，而没有回归主分析单位进行研究

【关联条目】

多案例研究设计

【推荐阅读】

Corley K G, Gioia D A. Identity Ambiguity and Change in the Wake of a Corporate Spin - Off ［J］. Administrative Science Quarterly, 2004, 49（2）: 173 - 208.

罗瑾琏，唐慧洁，李树文，柳乐. 科创企业创新悖论及其应对效应研究 ［J］. 管理世界，2021，37（3）: 8，105 - 122.

【参考文献】

Yin, R. K., Case study Research: Design and Methods (5rd edition) ［M］. Los Angeles: Sage Publications, 2014: 67 – 70.

◆多案例研究设计（**Research Design of Multiple Cases**）

多案例研究设计是指通过多个案例把需要研究的问题和最终结论连接所形成的逻辑顺序，多案例研究往往采用逐项复制和差别复制案例样本的逻辑，最简单的多案例研究设计是选择两个或多个逐项复制的案例。通常，适用于单案例研究的案例选择范围并不适用于多案例研究设计。多案例研究设计又可以分为整体性多案例研究设计和嵌入性（或嵌入式）多案例研究设计（Yin, 2014）。

多案例研究设计适用的范围主要包括：第一，通过逐项复制（Literal Replication）能够得出相同结果的多个案例；第二，通过差别复制（Theoretical Replication）能够从可得知的原因得出与前一案例不同的结论（Yin, 2014）。

多案例研究设计的 5 种设计技巧如表 3 – 2 – 3 所示。

表 3 – 2 – 3　多案例研究设计的 5 种技巧

类型	定义
竞争设计（Racing Design）	选择有相似的背景，在几乎相同的时间点展开特定的某项管理或者竞争行为的案例，但开展或竞争行为发生的过程有所差异
变异设计（Variance Design）	选择案例的标准是控制和排除与研究问题不相关变量的变异，同时创造所关注变量的变异
两极设计（Polar Types Design）	关注结果的两个极端，通过创造和对比变异水平在两个极端情况下的结果来构建理论
等结果设计（Equifinality Design）	关注有相同或相似的结果，但是到达这些结果的路径和机制是不一样的案例
过程设计（Process Design）	选择拥有相似的过程及相似的结果，符合复制逻辑中的逐项复制逻辑的案例

多案例研究设计多采用理论抽样的方法选择案例（Eisenhardt, 1989），需要体现理论抽样的思想包括三个核心要素：第一，案例聚焦研究问题对应的现象；第二，案例能够控制与研究问题不相关变量的变异；第三，案例能够聚焦或创造相关变量的变异（毛基业和陈诚, 2017）。

【关联条目】

单案例研究设计

【推荐阅读】

Eisenhardt K M. Making Fast Strategic Decisions In High – Velocity Environments ［J］. Academy of Management Journal, 1989, 32（3）: 543 – 576.

谢康, 吴瑶, 肖静华, 廖雪华. 组织变革中的战略风险控制——基于企业互联网转型的多案例研究 ［J］. 管理世界, 2016（2）: 133 – 148, 188.

【参考文献】

［1］ Yin R K. Case study Research: Design and Methods（5rd edition）［M］. Los Angeles: Sage Publications, 2014: 67 – 70.

［2］ 毛基业, 陈诚. 案例研究的理论构建: 艾森哈特的新洞见——第十届 "中国企业管理案例与质性研究论坛（2016）" 会议综述 ［J］. 管理世界, 2017（2）: 135 – 141.

［3］ Eisenhardt K M. Building theories from case study research ［J］. Academy of Management Review, 1989, 14（4）: 532 – 550.

［4］ Eisenhardt K M. Practical Tips for Building Theory from Case Study Research ［R］. 第十届 "中国企业管理案例与质性研究论坛（2016）" 专题工作坊, 2016a.

［5］ Eisenhardt, K. M., Theory Building from Case Study Research ［R］. 第十届 "中国企业管理案例与质性研究论坛（2016）" 主题报告, 2016b.

◆ 案例研究的研究问题（Research Question of Case Study）

案例研究的研究问题指案例研究者对自身开展的研究提出的研究问题, 以此促使案例研究顺利地开展。

从狭义的视角来看, 研究者可以用三步法来选择研究问题:

第一, 回顾文献, 聚焦 1 ~ 2 个感兴趣的关键话题。

第二, 仔细阅读, 了解感兴趣话题的已有研究, 搜索已有研究带来的新问题和尚未解决的问题, 激发自己的选题思考。

第三, 了解同主题的有关成果, 推动自己的研究问题明朗、成形（Yin, 2014）。

从广义的视角来看, 案例研究的各个阶段都有案例研究问题的身影。由于不同研究阶段所需的信息是不同的，故研究问题的开发与设计需要研究者参考案例研究的阶段。案例研究问题的开发和设计主要遵循方向性（Steering Function）和高效性（Efficiency）两点原则（苏敬勤，崔淼，2011）。

方向性是指案例研究问题的提出必须满足理论框架构建、案例数据收集、案例数据分析三种需求之一。分别对应案例研究的三个阶段，即理论框架构建阶段、案例实施阶段和案例分析阶段。

高效性要求研究者从研究问题中获得的答案的知识具有一定的价值。其价值体现在受访者对当前问题的回答对后续的研究问题具有指导作用，研究者通过提问能够得到不断深入的信息。

【关联条目】

现象概念化

【参考文献】

[1] 苏敬勤，崔淼. 工商管理案例研究方法［M］. 北京：科学出版社，2011：64－65.

[2] Yin R K. Case study Research：Design and Methods（5rd edition）［M］. Los Angeles：Sage Publications，2014：38.

◆ 现象概念化（Phenomenal Conceptualization）

现象概念化是指将具体的研究现象抽象概况为对应的理论，对于案例研究者而言，现象概念化既是一大难题，又是不可避免的研究话题（潘善琳和崔丽丽，2016）。

现象概念化始于调研的起步阶段，需要关注三点：第一，系统梳理案例故事的主线；第二，理论视角尽早确定，即打算用何种理论研究问题或解释案例现象；第三，对理论的贡献。因此，故事主线、理论视角和理论贡献是现象概念化之前就需要思考的事情。基于这些思考，在案例研究过程中可以向读者清晰地展现案例故事、看故事的视角及可能的研究贡献。

现象概念化之后要做的就是明确用什么方式，以怎样的切入点去理解。潘善琳和崔丽丽（2016）提供了类比、要件、流程、生态系统、赋能六种逻辑，为案例研究切入点提供了合适的视角。

【关联条目】

案例研究的研究问题

【参考文献】

潘善琳，崔丽丽 . SPS 案例研究方法［M］. 北京：北京大学出版社，2016：75 – 82.

三

管理案例资料

◆**管理案例资料**（**Management Case Data**）

管理案例资料是与案例研究对象、案例研究方法相关联的资料合集。

按照形式不同，可分为文字资料、数据资料、图片资料、视频资料等。按照用途不同，可分为企业案例资料和案例方法论资料（案例研究相关的书籍、期刊论文、会议论文或网页等）。

按来源的原始性不同，可分为一手资料和二手资料。按照作用不同，可分为主体案例资料和辅助案例资料。按照其性质不同可分为质性资料和定量资料（周春柳等，2017）。

按来源不同，可分为文件资料（信件、备忘录、公报、会议记录、管理文件）、档案资料（公共事业档案、服务记录、组织记录、调查资料）、访谈资料（与访谈对象的访谈记录，包括就访谈提纲进行的焦点访谈以及就某些特定事件进行的深度访谈）、观察资料（通过直接观察和参与性观察获得的资料）及实物资料（在很短的时间对某地进行实地访问所获得的资料）（Yin，2014）。

管理案例资料是管理案例教学和案例研究的基础，会极大影响教学和研究质量。假设将案例写作当成一个项目，案例资料的收集便是项目的核心环节，资料的缺失会使案例写作缺乏实证依据（周春柳等，2017）。

【关联条目】

一手资料、二手资料、定量资料、定性资料、主体案例资料、辅助案例资料、多媒体数据、管理案例研究数据库

【推荐阅读】

汤谷良，戴天婧．中央企业 EVA 评价制度实施效果的理论解释［J］．会计研究，2015（9）：35－43，96.

田志龙，程鹏瑶，杨文，柳娟．企业社区参与过程中的合法性形成与演化：百步亭与万科案例［J］．管理世界，2014（12）：134－151，188.

【参考文献】

［1］Yin R K．Case study Research：Design and Methods（5rd edition）［M］．Los Angeles：Sage Publications，2014：125－154.

［2］周春柳，胡芬，刘晓冰．管理案例资料及其收集方法研究［J］．管理案例研究与评论，2017，10（3）：327－338.

◆一手资料（First－Hand Data）

一手资料也称一手数据、原始数据，是指通过访谈、询问、问卷和测定等方式直接与被研究者接触而获得的文献资料（指原创的）和实物资料、口述资料、原始文件、档案、信函、日记、回忆录、照片和文物古迹等。若要通过访谈的方式收集一手资料，需提前做好准备，准备不足，则会导致访谈过程偏离主线，资料收集不足，从而影响案例写作进度（周春柳等，2017）。

一手资料的四大特征如下：第一，数据是直接向被调研对象，按照问题设计的要求进行收集；第二，数据直接用于研究者的研究项目；第三，数据收集过程中，通常会直接与被研究对象接触（陈晓萍等，2012）；第四，数据通常为研究者所拥有（苏敬勤和刘静，2013）。

一手资料的优点体现在：第一，实用性和针对性。通过交互式提问、滚雪球式会谈、焦点小组讨论等多种方式收集数据，可获取大量利用研究主题研究的细节性资料。第二，可信度。一手数据是由案例研究者及相关团队人员进行收集、整理及分析，数据的内部一致性和逻辑性较高。第三，系统性和全面性。一手数据是按照研究主题的需要进行收集，并通过多元被访对象、多阶段访谈及跟踪式沟通等方式使资料收集更加全面系统（彭新敏等，2011）。第四，探索性。探索性案例研究要解决的是"怎么样"和"为什么"的问题，在不断地深入挖掘、寻找、修改和确定一手数据的过程中更好地实现理论构建（苏敬勤和刘静，2013）。

一手资料的收集受访谈者因素、被访谈者因素和客观因素等影响，也存在一定的问题和缺陷（苏敬勤和刘静，2013）。

【关联条目】

二手资料

【推荐阅读】

肖静华，胡杨颂，吴瑶．成长品：数据驱动的企业与用户互动创新案例研究［J］．管理世界，2020，36（03）：183－205.

应瑛，刘洋，魏江．开放式创新网络中的价值独占机制：打开"开放性"和"与狼共舞"悖论［J］．管理世界，2018，34（2）：144－160，188.

【参考文献】

［1］陈晓萍，徐淑英，樊景立．组织与管理研究的实证方法（第二版）［M］．北京：北京大学出版社，2012.

［2］彭新敏，吴晓波，吴东．基于二次创新动态过程的企业网络与组织学习平衡模式演化——海天1971～2010年纵向案例研究［J］．管理世界，2011（4）：138－149.

［3］苏敬勤，刘静．案例研究数据科学性的评价体系——基于不同数据源案例研究样本论文的实证分析［J］．科学学研究，2013，31（10）：1522－1531.

［4］周春柳，胡芬，刘晓冰．管理案例资料及其收集方法研究［J］．管理案例研究与评论，2017，10（3）：327－338.

◆二手资料（Secondary Data）

二手数据指从他人（商业和政府机构、营销研究公司、计算机数据库等）获得的，用于调查和科学实验的数据，包括文件、档案记录和实物证据。其他研究者将新收集到的一手数据添加到现有的社会知识库，再被他人使用的数据，也为二手数据（Hox和Boeije，2005）。典型的二手资料有文献综述、教科书、非独家新闻、传记等。二手资料通常都经过了严格的审查，常被视作专业领域的共识，是较为可靠的参考文献（陈晓萍等，2012）。

二手资料的四大特征如下：第一，原始数据由他人（或者机构）收集；第二，原始数据并非是为该研究收集，而是有其他目的（既可能是研究目的，也可能是行政管理目的或别的目的）；第三，使用二手资料，一般不直接与数据中所涉及的研究对象接触；第四，一般可通过公开的渠道获得。

二手资料的优点体现在四个方面：第一，获得性。一般来说，二手数据较为容易获得，相较于一手数据，也能更快速地获得。第二：低成本性。相较于收集一手数据，二手资料在时间、资源、人力成本方面都具有明显优势。第三，可复制性。相较于一手资料，影响二手数据复制质量的变数较少。第四，客观性（苏敬勤和刘静，2013）。

二手资料的细节性、集中性和可靠性较差，也存在一定的问题和缺陷（苏敬勤等，2013）。

【关联条目】

一手资料

【推荐阅读】

吴炯. 家族企业剩余控制权传承的地位、时机与路径——基于海鑫、谢瑞麟和方太的多案例研究［J］. 中国工业经济，2016（4）：110 – 126.

吕一博，蓝清，韩少杰. 开放式创新生态系统的成长基因——基于 iOS、Android 和 Symbian 的多案例研究［J］. 中国工业经济，2015（5）：148 – 160.

【参考文献】

［1］Hox J J，Boeije H R. Data Collection，Primary Versus Secondary［J］. Encyclopedia of Social Measurement，2005（1）：593 – 599.

［2］陈晓萍，徐淑英，樊景立. 组织与管理研究的实证方法（第二版）［M］. 北京：北京大学出版社，2012：9，13.

［3］苏敬勤，刘静. 案例研究数据科学性的评价体系——基于不同数据源案例研究样本论文的实证分析［J］. 科学学研究，2013，31（10）：1522 – 1531.

◆定量资料（Quantitative Data）

定量资料是通过数字形式表现出来的研究资料。一般资料有实地源和文献源，其中实地源包括封闭式问卷和结构性观察；文献源包括年鉴、实验报告、调查报告等。

【关联条目】

定性资料

【推荐阅读】

Bourgeois III L J, Eisenhardt K M. Strategic decision processes in high velocity environments: Four cases in the microcomputer industry [J]. Management Science, 1988, 34 (7): 816 – 835.

【参考文献】

周春柳，胡芬，刘晓冰. 管理案例资料及其收集方法研究 [J]. 管理案例研究与评论，2017，10（3）：327 – 338.

◆定性资料（**Qualitative Data**）

定性资料又称质性资料，是对事物不可量化的、以文字等描述形式呈现的资料，其来源广泛，也是案例研究中涉及较多的资料。一般资料有实地源和文献源，其中实地源包括访谈、个案研究、开放式问卷、非结构观察；文献源包括与研究主题相关的著作、论文等。

【关联条目】

定量资料

【推荐阅读】

郭咏琳，周延风. 从外部帮扶到内生驱动：少数民族 BoP 实现包容性创新的案例研究 [J]. 管理世界，2021，37（4）：159 – 180.

彭新敏，刘电光. 基于技术追赶动态过程的后发企业市场认知演化机制研究 [J]. 管理世界，2021，37（4）：180 – 198.

【参考文献】

周春柳，胡芬，刘晓冰. 管理案例资料及其收集方法研究 [J]. 管理案例研究与评论，2017，10（3）：327 – 338.

◆ 主体案例资料 （Subject Case Data）

主体案例资料是与案例教学的目的或案例研究的研究主题直接相关的案例资料，经收集、处理和分析可直接用于案例撰写，作为教学案例或研究案例内容，对教学案例或研究案例的写作有主体作用。

【关联条目】

辅助案例资料、多媒体数据

【推荐阅读】

王扬眉，梁果，王海波. 家族企业继承人创业图式生成与迭代——基于烙印理论的多案例研究 ［J］. 管理世界，2021，37 （4）：198 – 216.

单宇，许晖，周连喜，周琪. 数智赋能：危机情境下组织韧性如何形成？——基于林清轩转危为机的探索性案例研究 ［J］. 管理世界，2021，37 （3）：7，84 – 104.

【参考文献】

周春柳，胡芬，刘晓冰. 管理案例资料及其收集方法研究 ［J］. 管理案例研究与评论，2017，10 （3）：327 – 338.

◆ 辅助案例资料 （Auxiliary Case Data）

辅助案例资料与案例教学的目的或案例研究的研究主题非直接相关，未体现在最终案例成果中，但对于案例资料收集有所帮助，可推动教学案例或研究案例写作进度。

【关联条目】

主体案例资料、多媒体数据

【推荐阅读】

王扬眉，梁果，王海波. 家族企业继承人创业图式生成与迭代——基于烙印理论的多案例研究［J］. 管理世界，2021，37（4）：198 - 216.

王节祥，陈威如，江诗松，刘双. 平台生态系统中的参与者战略：互补与依赖关系的解耦［J］. 管理世界，2021，37（2）：10，126 - 147.

【参考文献】

周春柳，胡芬，刘晓冰. 管理案例资料及其收集方法研究［J］. 管理案例研究与评论，2017，10（3）：327 - 338.

◆ 多媒体数据（Multimedia Data）

多媒体数据是指利用照相、录音和摄像技术记录的数据，采用数字设备记录的数据则为数字数据。

根据多媒体数据的收集渠道，多媒体数据可以分为发现的多媒体数据（二手多媒体数据，即研究者所收集的数据为他人所建立，一般在档案馆、艺术馆、博物馆以及互联网上获取。研究者也可与数据提供者进行补充式访谈，补充所需数据的不足）和创造的多媒体数据（一手多媒体数据，即研究者创建多媒体数据文件，从而获得案例研究所需的多媒体数据）。一般而言，使用多媒体数据的优势在于，多媒体数据是对研究现象、事件或问题的真实记录，未经过研究者解读，从而最大限度地保留了数据的原始性，具有极高的客观属性。

【关联条目】

主体案例资料、辅助案例资料

【推荐阅读】

雍旻，刘伟，邓睿. 跨越非正式与正式市场间的制度鸿沟——创业支持系统对农民创业正规化的作用机制研究［J］. 管理世界，2021，37（4）：112 - 130.

潘安成，张红玲，肖宇佳. "破茧成蝶"：知恩图报塑造日常组织活动战略化［J］. 管理世界，2016（9）：84 - 101，188.

【参考文献】

苏敬勤，崔淼．工商管理案例研究方法［M］．北京：科学出版社，2011：101-104.

◆管理案例研究数据库（Case Study Database）

案例研究数据库是汇集和保存在案例研究中的所有数据，包括现场笔记、访谈记录、案例研究者相关信息、收集的文档类资料、调查材料、编码数据、备忘录以及其他分析材料（Dubé 和 Paré，2003），并将数据充分组织化，以便于检索查阅所有的档案。

案例研究数据库主要通过案例研究现场、案例研究文件、图表材料和新描述材料的汇编来建立。具体包括四类资料：一是记录。经过整理、归类、补充完整以供日后使用的材料。其形式多样，包括研究者的访谈、观察、对文件的分析及视听记录材料，可以计算机文档、日记集合或检索客片等形式呈现。实地笔记、访谈记录等以纸质记录。二是文件。文件的收集贯穿整个研究过程，研究方案需明确不同文件的目的，可以通过建立注释性目录，按照文件重要性，可建立初级和二级文件夹，以便日后阅读检查。三是表格材料。调查资料和其他量化资料，既可以从研究地点直接收集，也可以由研究团队建立。四是汇编。将研究者所作的描述进行汇编，包括参考文献、交叉引用或案例研究数据库中有助于检索的分类材料，与主题有关的证据汇编以及研究者拟写在案例研究草案中的各项开放性问题的答案（Yin，2014）。

案例研究数据库应保证案例研究者使用数据的规范性和准确性及提高案例研究的概推性（Dubé 和 Paré，2003）。结构整齐的案例研究数据库不仅能便利他人阅读，而且能便利研究者后续的研究分析。

【关联条目】

管理案例资料

【推荐阅读】

王节祥，陈威如，江诗松，刘双．平台生态系统中的参与者战略：互补与依赖关系的解耦［J］．管理世界，2021，37（2）：10，126-147.

【参考文献】

［1］Yin R K. Case study Research：Design and Methods（5rd edition）［M］. Los Angeles：Sage Publications，2014：271.

［2］Dubé L，Paré G. Rigor in information systems positivist case research：current practices，trends，and recom‐mendations［J］. MIS Quarterly，2003，27（4）：597－635.

案例抽样方法

◆ 案例抽样（Case Sampling）

案例抽样是研究人员根据研究问题对案例研究对象进行选择。

Patton（1987）提出了 10 种案例抽样方法，在此基础上，Bleijenbergh（2010）在 *Encyclopedia of Case Study Research* 一书中进一步提出案例选择应该与研究问题的类型即描述性、探索性、解释性相对应。其中 Bleijenbergh 提出的典型案例抽样与 Patton 的典型案例抽样含义相同，积木理论抽样与 Patton 提出的同质性样本含义相同，可信性探究抽样与 Patton 提出的证实或证伪案例抽样相对应（苏敬勤和崔淼，2011），下文不再赘述。Bleijenbergh（2010）提出，探索性案例研究适于典型抽样和极端性抽样，探索性案例研究也有可能采用多案例研究设计，采用选取具有共同特征的案例的抽样方法，类似同质性样本。此外，积木理论抽样和可信性探究抽样适用于解释性研究问题。

Bleijenbergh（2010）提出的其他抽样定义如下：

表意构形抽样（Ideographic Configurative Sampling）是指研究者选择能够比较具体特征的案例。采用这种案例抽样方法时，研究者通常会专注于描述单独的案例，而不是寻找共同的模式和解释，并比较了这些案例的特点。

异常抽样（Deviant Sampling）是指研究者在研究探索性问题时，选择了一些与其他普通社会现象明显不同的案例，用以解释不寻常的社会现象。Bleijenbergh（2010）认为选择这种案例抽样方法的研究人员通常要基于经验进行选择。

关键抽样（Critical Sampling）是研究者在研究探索性问题时，研究人员选择一个似乎不符合理论预期的案例，目的是将该案例用于发展其他理论。

根据 Eisenhardt（1989）的研究，后来的研究者提出了选择性抽样（Selective Sampling），选择性抽样是指在进行实地调研前，根据案例研究目的，设定一系列的案例样本选择标准，并根据这些标准选择恰当的案例样本，再进行实地调研的抽样方法（苏敬勤和崔淼，2011）。

具有代表性的案例抽样方法如表3-4-1所示。

表3-4-1 具有代表性的案例抽样方法

主要提出者	案例选择方法
Patton（1987）	极端性案例抽样（Extreme or Deviant Case Sampling）
	最大变化抽样（Maximum Variation Sampling）
	同质性样本（Homogeneous Samples）
	典型案例抽样（Typical Case Sampling）
	关键案例抽样（Critical Case Sampling）
	滚雪球式或链式抽样（Snowball or Chain Sampling）
	标准抽样（Criterion Sampling）
	证实或证伪案例（Confirmatory or Disconfirming Cases）
	政策重要性案例抽样（Sampling Politically Important Cases）
	便利抽样（Convenience Sampling）
Bleijenbergh（2010）	典型抽样（Typical Case Sampling）
	极端性抽样（Extreme Sampling）
	表意构形抽样（Ideographic Configurative Sampling）
	异常抽样（Deviant Sampling）
	关键抽样（Critical Sampling）
	积木理论抽样（Building Block Theory Sampling）
	可信性探究抽样（Plausibility Probe Sampling）
Eishenhardt（1989）	理论性抽样（Theoretical Sampling）
	选择性抽样（Selective Sampling）
Gerring（2006）	典型案例选择（Typical Case – selection）
	多样性案例选择（Diverse Case – selection）
	极端案例选择（Extreme Case – selection）
	越轨案例选择（Deviant Case – selection）
	有影响力的案例选择（Influential Case – selection）
	决定性案例选择（Crucial Case – selection）
	路径案例选择（Pathway Case – selection）
	最相似案例选择（Most – Similar Case – selection）
	最不同案例选择（Most – Different Cases – selection）

【关联条目】

极端案例抽样、最大化案例抽样、同质性样本、典型案例抽样、关键案例抽样、滚雪球式或链式取样、标准抽样、证实或证伪案例、政策重要性案例抽样、便利抽样、理论性抽样、多样性案例选择、越轨案例选择、有影响力案例选择、路径案例选择、最相似案例选择、最不同案例选择

【推荐阅读】

欧阳桃花，郑舒文，程杨. 构建重大突发公共卫生事件治理体系：基于中国情景的案例研究 [J] . 管理世界，2020，36（8）：19 – 32.

Graebner M E. Caveat venditor：Trust asymmetries in acquisitions of entrepreneurial firms [J] . Academy of Management Journal，2009，52（3）：435 –472.

【参考文献】

[1] 苏敬勤，崔淼. 工商管理案例研究方法 [M] . 北京：科学出版社，2011：51 –57.

[2] Bletjenberg L Case selection [M] // Mills A J. Durepos G，Wiebe E. Encyclopedia of Case Study Research. Thousand Oaks：Sage Publication，2010：61 –63.

[3] Eisenhardt K M. Building theories from case study research. [J] . Academy of Management Review，1989，14（4）：532 –550.

[4] Gerring J. Case Study Research：Principles and Practices [M] . Cambridge，UK：Cambridge University Press，2006：86 –147.

[5] Patton M Q. How to use qualitative methods in evaluation [M] . Sage Publications，1987.

◆极端案例抽样（Extreme/Deviant Case Sampling）

极端案例选择是选取在某些方面具有区别于其他案例特征的，不同寻常或特殊的但信息丰富的案例进行案例研究（苏敬勤和崔淼，2011；Michael，1987；Patton，1987）。

极端案例的逻辑是研究者能够从该类案例中获得对已进行的项目或决策提供有借鉴意义和改善建议的案例。因为某些概念通常由它们呈现的极端情况定义，即它们的理想情况（Gerring，2016）。在极端案例中，研究者通常不是去研究一些具有代

表性的案例，而是专注于研究特别的或不同寻常的案例，从而获得特殊案例的详细信息，以弥补问卷调查中获得的一般性统计数据（苏敬勤和崔淼，2011；Michael，1987）。

类似地，Bletjenberg（2010）提出，研究者要研究描述性的问题，既可以选择能够最大限度地解释特定社会现象的具体特征的案例（典型抽样，Typical Case Sampling），也可以选择一个极端的例子，即一种社会现象以非常突出的方式或在极端情况下可见（极端性抽样，Extreme Sampling）。

现有研究认为，极端案例在揭示理论方面具有特殊的作用，既可以是非常成功的案例，也可以是一项失败的案例。相对于问卷调查方法而言，极端性案例在以政策改善为目的的情况下更具优势。而在某些研究中，问卷调查和极端性案例研究则可以形成互补（苏敬勤和崔淼，2011；Michael，1987）。极端案例也被比喻为是只会说话的猪（Siggelkow，2007）。一般而言，单案例研究的理论抽样通常要求选择与研究现象高度相关的极端案例，如行业最佳实践甚至全球首创、独一无二（毛基业和陈诚，2016）。

【关联条目】

案例抽样、典型案例抽样

【推荐阅读】

王凤彬，王骁鹏，张驰. 超模块平台组织结构与客制化创业支持——基于海尔向平台组织转型的嵌入式案例研究［J］. 管理世界，2019，35（2）：121 - 150，199 - 200.

Petriglieri J L. Co - creating relationship repair：Pathways to reconstructing destabilized organizational identification［J］. Administrative Science Quarterly，2015，60（3）：518 - 557.

Snihur Y，Zott C. The genesis and metamorphosis of novelty imprints：How business model innovation emerges in young ventures［J］. Academy of Management Journal，2020，63（2）：554 - 583.

【参考文献】

［1］苏敬勤，崔淼. 工商管理案例研究方法［M］. 北京：科学出版社，2011：52 - 53.

［2］毛基业，陈诚. 案例研究的理论构建：艾森哈特的新洞见——第十届"中国企业管理案例与质性研究论坛（2016）"会议综述［J］. 管理世界，2017（2）：135 - 141.

［3］Bletjenberg L Case selection［M］// Mills A J. Durepos G，Wiebe E. Encyclopedia of Case Study Research. Thousand Oaks：Sage Publication，2010：61 –63.

　　［4］ Gerring J. Case Study Research：Principles and Practices ［M］. Cambridge：Cambridge University Press，2006：101 – 105.

　　［5］ Patton M Q. How to Use Qualitative Methods in Evaluation ［M］. American：SAGE Publishing，1987：169 –171.

　　［6］ Patton M Q. How to use qualitative methods in evaluation ［M］. Sage Publications，1987.

　　［7］ Siggelkow N. Persuasion with case studies ［J］. Academy of Management Journal，2007，50（1）：20 –24.

◆最大变化抽样（Maximum Variation Sampling）

　　最大变化抽样是一种尽可能选取样本间包含更多差异样本的抽样方法，其逻辑在于关注从最具有差异的不同案例中找到共同的特征，从而能够表现同类案例中的共有的核心特征、影响或经历等。

　　最不同案例方法具有一定的优势与局限性：一是当编码假设是正确的，最不同的研究设计可能对消除必要原因十分有效。在所选案例中未出现的因果因子对于产生某一结果显然是不必要的。但是，并不能因此认为，最不同的方法是消除必要原因的最佳方法。即使是最不同分析的假定强度也并不强。如果研究者只专注于消除必要的原因，那么可能会局限寻找那些结果相同、其他属性差异最大的案例。

　　二是案例研究分析的重点是因果关系的识别（或澄清），而不是消除可能的原因。在这种情况下，最不同的技术同样十分有效，但前提是"因果唯一"的假设成立。

　　最大变化抽样的步骤包括：第一，确定构建样本的不同特征或标准，即确定衡量样本差异的标准；第二，根据标准选择两类差异最大的样本，在进行最大化抽样时，案例研究者一般将研究的重点放在寻找每个样本的异同上。

　　最大化抽样的意义在于帮助案例研究者扭转在小样本案例研究中，个案之间差异过大导致的研究障碍。当进行最大化抽样的案例研究时，数据的收集与分析一般会呈现两类特征：第一，单个样本的特征，可通过深入、仔细且高质量地对单个案例的研究得到；第二，多个样本的共同特征，可通过对比所获得的。

　　总而言之，最不同的（案例）研究方法不应完全被忽视。但实际上，大多数采用最不同方法的学者都会结合其他方法使用，该方法很少被单独使用。

【关联条目】

案例抽样、同质性样本

【推荐阅读】

靳代平，王新新，姚鹏. 品牌粉丝因何而狂热？——基于内部人视角的扎根研究〔J〕. 管理世界，2016（9）：102 – 119.

【参考文献】

〔1〕 苏敬勤，崔淼. 工商管理案例研究方法〔M〕. 北京：科学出版社，2011：46 – 49.

〔2〕 Gerring J. Case Study Research：Principles and Practices 〔M〕. Cambridge：Cambridge University Press，2006：139 – 147.

〔3〕 Patton M Q. How to Use Qualitative Methods in Evaluation 〔M〕. American：SAGE Publishing，1987：169 – 171.

◆同质性样本（**Homogeneous Samples**）

同质性样本是指选取小的同质性且具有相同特征的样本。

同质性样本与最大变化抽样的策略直接相反，其目的是深入描述特定的某个子集的特征。当案例研究者就某个问题进行研究时，具有多个不同类型的案例，可能需要关于特定小组的深入信息，采用同质性样本的抽样方法较为合适。

在收集同质性样本的案例研究中多采用专题小组访谈（Focus Group Interview）的形式。专题小组一般由 5~8 个人组成，由研究者围绕特定目标或重点问题展开开放式访谈也即集体访谈。另外需注意，组成焦点访谈小组的每个成员都要求具有相同的背景和经历。

【关联条目】

案例抽样、最大变化抽样

【推荐阅读】

Greenwood R，Suddaby R. Institutional entrepreneurship in mature fields：The big five accounting firms 〔J〕. Academy of Management Journal，2006，49（1）：27 – 48.

Chen D, Wei W, Hu D, et al. Survival strategy of OEM companies: a case study of the Chinese toy industry [J]. international Journal of Operations & Production Management, 2016.

【参考文献】

[1] 苏敬勤,崔淼. 工商管理案例研究方法 [M]. 北京:科学出版社,2011: 46 – 49.

[2] Patton M Q. How to Use Qualitative Methods in Evaluation [M]. American: SAGE Publishing, 1987: 169 – 171.

◆典型案例抽样(Typical Case Sampling)

典型案例抽样是指选择能够代表"平均"水平的样本,而不是最具特色的、极端的案例,目的是向不熟悉该现象或事件的读者介绍,为他们提供一个或多个典型的案例定性描述,以熟知这些典型现象或事件的共同特征(Patton,1987;Bleijen-bergh,2010)。国内外很多学者都对此存在误解,认为典型案例抽样是选择最具特色或极端的案例。

类似地,Gerring(2006)提出典型案例(Typical Case)是可以代表更广泛的案例,并使重点案例研究能够具备对更广泛现象的洞察力的案例。典型案例就是代表案例,与之相对的是极端案例(Extreme Case – selection)。

典型案例抽样需有效确定哪些案例能够代表"平均"水平,因此,典型案例的选择往往需要有对现象或事件有深入了解的人员参与协助案例的选择,同时也可以借助普查和统计调查等其他数据选择那些能够代表"平均"水平的案例(Patton,1987)。Gerring(2006)认为,典型案例选择需要采用案例交叉技术,即跨案例分析技术,同时,他还给出了相关性模型进行案例选择。因涉及定量研究方法内容,本书不赘述。

典型案例抽样的目的在于描述和说明一个或多个典型案例的典型特征,而不是对所有案例特征进行说明(Patton,1987;苏敬勤和崔淼,2011)。Gerring(2006)提出部分典型案例具有探索性作用,但典型案例选择更为常见的作用在于进行假设检验。

【关联条目】

案例抽样、极端案例抽样

【推荐阅读】

尚航标，黄培伦，田国双，李卫宁. 企业管理认知变革的微观过程：两大国有森工集团的跟踪性案例分析［J］. 管理世界，2014（6）：126 - 141，188.

李宇，马征远. 大企业内部创业"裂生式"与"创生式"战略路径——基于海尔和思科的双案例研究［J］. 中国工业经济，2020（11）：99 - 117.

【参考文献】

［1］苏敬勤，崔淼. 工商管理案例研究方法［M］. 北京：科学出版社，2011：46 - 49.

［2］Bletjenberg L Case selection［M］// Mills A J. Durepos G，Wiebe E. Encyclopedia of Case Study Research. Thousand Oaks：Sage Publication，2010：61 - 63.

［3］Patton M Q. How to Use Qualitative Methods in Evaluation［M］. American：SAGE Publishing，1987：169 - 171.

◆关键案例抽样（Critical Case Sampling）

关键案例抽样是指那些能够显著地呈现事件或问题关键点的案例，或者特别重要的案例。这类案例一般在某些关键点上很特别或引人关注（Patton，1987）。

运用关键案例抽样方法的关键是找到案例关键点判断个案的关键性，识别构成关键案例的关键维度。在工商管理研究领域很多情况下都需要用到关键案例抽样方法，但是，仅研究一个或少许几个关键案例的研究不能完全遵循该理论，此时可以用逻辑视角进行理论推广（Patton，1987；苏敬勤和崔淼，2011）。

寻找关键案例的重要性在于，研究者由于资源限制只能对单个样本案例进行研究，而且从技术角度来说，选择能够涵盖最关键信息，对现有问题最具意义的关键案例就显得尤为重要。诚然，研究一个或几个关键案例不可能对所有可能的案例进行广泛的概括（Patton，1987；苏敬勤和崔淼，2011）。

类似地，Gerring（2006）提出的关键案例（Crucial Case - selection）要求研究者若对理论的有效性怀有信心，那么所选案例就必须与理论紧密契合，或者反过来说，这个案例不能与任何与该理论相悖的规则有所契合。

关键案例为论证提供了最严格的检验，因此在非实验性单案例环境中该方法能够提供最有力的证据。关键案例能够在多大程度上对一个理论提供决定性的确认或否定，这在很大程度上取决于需要检验的理论结构的产物。严格来说，这是一个演绎的问题，而不是归纳的问题。那些对不规则性和社会行为复杂性印象深刻的研究者不太可能接受关键案例研究（Gerring，2006）。

【关联条目】

案例抽样、典型案例抽样

【推荐阅读】

宋华，卢强. 基于虚拟产业集群的供应链金融模式创新：创捷公司案例分析［J］. 中国工业经济，2017（5）：172 – 192.

肖静华，胡杨颂，吴瑶. 成长品：数据驱动的企业与用户互动创新案例研究［J］. 管理世界，2020，36（3）：183 – 205.

陈逢文，付龙望，张露，于晓宇. 创业者个体学习、组织学习如何交互影响企业创新行为？——基于整合视角的纵向单案例研究［J］. 管理世界，2020，36（3）：142 – 164.

【参考文献】

［1］苏敬勤，崔淼. 工商管理案例研究方法［M］. 北京：科学出版社，2011：46 – 49.

［2］Gerring J. Case Study Research：Principles and Practices［M］. Cambridge，UK：Cambridge University Press，2006：115 – 122.

［3］Patton M Q. How to Use Qualitative Methods in Evaluation［M］. American：SAGE Publishing，1987：169 – 171.

◆滚雪球式或链式取样（Snowball or Chain Sampling）

滚雪球式或链式抽样是一种逐渐寻找关键信息提供者或关键案例的抽样方法。

采用滚雪球式或链式抽样方法的案例研究项目往往通过询问"谁对该事件或问题最了解？""谁最应该被访谈？"开始，在逐渐询问过程中，被不同人推荐有价值的人或事件，随着更多询问问题及受访者，答案逐渐增多，像滚雪球一样不断增长，研究者将能够在答案中获得被反复提及的答案，从而确定案例研究者最终应该访谈及调研的对象。在滚雪球或链式抽样过程中，最常见的情况是在项目之初，被提及的个体或事件的名称出现分散化的趋势，但最终会呈现收敛的态势。

【关联条目】

案例抽样

【推荐阅读】

Graebner M E. Caveat venditor：Trust asymmetries in acquisitions of entrepreneurial firms ［J］. Academy of Management Journal，2009，52（3）：435－472.

【参考文献】

［1］苏敬勤，崔淼. 工商管理案例研究方法［M］. 北京：科学出版社，2011：46－49.

［2］Patton M Q. How to Use Qualitative Methods in Evaluation ［M］. American：SAGE Publishing，1987：169－171.

◆ 标准抽样 （**Criterion Sampling**）

标准抽样是指案例研究者预先确定一系列的重要标准，再选择满足所有预设标准的案例进行研究的案例样本选择方法。

标准抽样方法在质量保证工作（Quality Assurance Efforts）的研究中较为常见。关键事件可以作为标准抽样的样本。标准抽样可以为管理信息系统或项目监控系统提供重要的定性分析案例。在标准抽样中要注意保障选择的个案具有充足的信息，以便符合所有预定的标准来揭示整体的缺陷。此外，问卷调查是发现标准抽样案例的一种重要途径。

【关联条目】

案例抽样

【推荐阅读】

李飞，贺曦鸣，胡赛全，于春玲. 奢侈品品牌的形成和成长机理——基于欧洲150年以上历史顶级奢侈品品牌的多案例研究［J］. 南开管理评论，2015，18（6）：60－70.

魏江，王诗翔. 从"反应"到"前摄"：万向在美国的合法性战略演化（1994～2015）［J］. 管理世界，2017（8）：136－153，188.

【参考文献】

［1］苏敬勤，崔淼. 工商管理案例研究方法［M］. 北京：科学出版社，2011：46－49.

［2］Patton M Q. How to Use Qualitative Methods in Evaluation［M］. American：SAGE Publishing，1987：169－171.

◆证实或证伪案例（Confirming Cases）

证实案例是研究者用于检验并详细阐述已完成的研究结论，并对其进行丰富、深化、提高可信度的案例。对应地，证伪案例（Disconfirming Cases）是研究者选择用以阐述已有研究的不足，对其提出竞争性解释或为现有研究结论提供限定性成立条件的案例。

由于证实或证伪案例与研究结论直接相关，要求研究者准确论证案例抽样与研究结论之间的关系。研究者可以通过证实研究问题或想法源于利益相关者或文献，而不是因研究者的案例调研所推演的结论，由此减少对案例样本先入为主的偏见。

【关联条目】

案例抽样

【推荐阅读】

苏敬勤，崔淼. 核心技术创新与管理创新的适配演化［J］. 管理科学，2010，23（1）：27－37.

Markus M L. Power，politics，and MIS implementation［J］. Communications of the ACM，1983，26（6）：430－444.

【参考文献】

［1］苏敬勤，崔淼. 工商管理案例研究方法［M］. 北京：科学出版社，2011：46－49.

［2］Patton M Q. How to Use Qualitative Methods in Evaluation［M］. American：SAGE Publishing，1987：169－171.

◆政策重要性案例抽样

（**Sampling Politically Important Cases**）

政策重要性案例抽样是选择具有政策敏感性的个案或分析单元进行研究的案例样本选择方法。

政策重要性案例抽样的目的是在资源允许研究有限数量案例的情况下，提高信息的有用性和利用率。同时，从广义来看，政治观点可以为应用研究甚至基础研究中的案例抽样提供依据。虽然研究人员可以选择具有明显政治敏锐性特征的案例进行研究，但并不表明研究人员对个案的好与坏做出了判断，而只是表明该个案的数据能够获得更多关注和最大化的使用。

【关联条目】

案例抽样

【推荐阅读】

欧阳桃花，郑舒文，程杨．构建重大突发公共卫生事件治理体系：基于中国情景的案例研究［J］．管理世界，2020，36（8）：19 – 32.

张宁，才国伟．国有资本投资运营公司双向治理路径研究——基于沪深两地治理实践的探索性扎根理论分析［J］．管理世界，2021，37（1）：8，108 – 127.

江鸿，吕铁．政企能力共演化与复杂产品系统集成能力提升——中国高速列车产业技术追赶的纵向案例研究［J］．管理世界，2019，35（5）：106 – 125，199.

【参考文献】

［1］苏敬勤，崔淼．工商管理案例研究方法［M］．北京：科学出版社，2011：46 – 49.

［2］Patton M Q. How to Use Qualitative Methods in Evaluation ［M］. American：SAGE Publishing，1987：169 – 171.

◆便利抽样（Convenience Sampling）

便利抽样是指考虑易获取性和成本选择的案例研究样本，它是一种最为常见的抽样方法，但同时也是案例研究样本的最无奈之举。

因案例研究者首先要考虑从有限的或单个案例中选择能够获得最大效用信息的案例，故需要把获取的便利性和成本放到最后进行考虑。有目的性和战略性的抽样能够使得案例研究者获得最关键或充分的案例信息，前文所述的政策重要性案例抽样（Sampling politically important cases）、政策重要性案例抽样（Sampling politically important cases）、标准抽样（Criterion Sampling）、关键案例抽样（Critical Case Sampling）、典型案例抽样（Typical Case Sampling）、同质性样本（Homogeneous Samples）、最大变化抽样（Maximum Variation Sampling）、极端性案例抽样（Extreme or Deviant Case Sampling）均属于有目的性抽样方法，而便利抽样则是一种没有目的性和战略性的抽样方法。

【关联条目】

案例抽样

【推荐阅读】

陈红花，尹西明，陈劲．脱贫长效机制建设的路径模型及优化——基于井冈山市的案例研究［J］．中国软科学，2020（2）：26－39.

王玲，蔡莉，彭秀青，温超．机会—资源一体化创业行为的理论模型构建——基于国企背景的新能源汽车新企业的案例研究［J］．科学学研究，2017，35（12）：1854－1863.

【参考文献】

［1］苏敬勤，崔淼．工商管理案例研究方法［M］．北京：科学出版社，2011：46－49.

［2］Patton M Q. How to Use Qualitative Methods in Evaluation［M］. American：SAGE Publishing，1987：169－171.

◆理论性抽样（**Theoretical Sampling**）

理论性抽样是聚焦对理论有用的案例，也以通过扩展概念上的分类来复制或扩展理论的目标来选择案例。从案例研究中选择案例是构建理论的重要方面，选择合适的案例样本可控制无关的变量，并有助于概括研究结果的范围（Eisenhardt，1989）。

理论抽样不是随机抽样，目的是选择可能复制或扩展新兴理论的案例（Eisenhardt，1989），因此，案例研究在构建理论时，案例的选择是出于理论而非统计原因（Glaser & Strauss，1999）。

具体来说，理论抽样有四个方面的作用：第一，复制先前的案例；第二，扩展现有的理论；第三，弥补理论的空白；第四，提供极端性的典型示例（Eisenhardt，1989）。

【关联条目】

案例抽样

【推荐阅读】

章凯，李朋波，罗文豪，张庆红，曹仰锋. 组织—员工目标融合的策略——基于海尔自主经营体管理的案例研究［J］. 管理世界，2014（4）：124 - 145.

蔡宁，王节祥，杨大鹏. 产业融合背景下平台包络战略选择与竞争优势构建——基于浙报传媒的案例研究［J］. 中国工业经济，2015（5）：96 - 109.

Crosina E，Pratt M G. Toward a model of organizational mourning：The case of former Lehman Brothers bankers［J］. Academy of Management Journal，2019，62（1）：66 - 98.

【参考文献】

［1］Eisenhardt K M. Building theories from case study research［J］. Academy of Management Review，1989，14（4）：532 - 550.

［2］Glaser B G，Strauss F. The discovery of grounded theory：strategies for qualitative research［M］. Aldine Transaction，1968：49.

◆多样性案例选择（Diverse Case – selection）

多样性案例选择旨在阐明案例研究中研究者关注的某个维度的整个变化范围，其主要目标是实现相关维度中的最大差异。该方法需要至少选择一组案例（至少两个）来展现案例全面的变化或者一些特殊的关系。多样案例的使用根据变量的数量、类型变化有所差异。

一种情况是，如果感兴趣的个体变量能够进行分类，则多样性的识别是显而易见的。调查员只需从每个类别中选择一个案例。而对于连续变量，选择则不明显。但是建议研究人员同时选择最大值、最小值或中值。研究者可能还会在分布中寻找似乎与案例之间的分类差异对应的断点或者遵循一种理论上的预感。

另一种情况是考虑多个变量（向量）的值，而不是单个变量。

如果这些变量是类别变量，则因果类型的识别取决于每个类别的交集。例如两个二分变量产生一个包含四个单元的矩阵。三个二分变量产生一个包含八个单元的矩阵，依此类推。如果认为所有变量都与分析相关，则选择不同的案例将要求从所组成的矩阵的每个单元格中选择一个案例。在这里，案例选择的多样化案例策略将在每个相交的单元中识别出一个案例——总共八个案例。同样，当一个或多个连续因素不是可分类因素时，事情就会变得更加复杂。在此，多样的案例数值不能简单地放入单元格，这些单元格必须按照相应的维度创建。可以看出，在考虑多个变量的情况下，不同案例分析的逻辑取决于类型理论的逻辑——假定变量的不同组合对结果的影响因类型而异。

涵盖所有变化范围能够增强研究者选择的案例样本的代表性，这是多样案例的明显优势。当然，包含所有变化范围可能会扭曲整个范围内案件的实际分布。即便如此，与任何其他小样本（包括典型案例）相比，多案例方法通常具有更强的代表性。选择不同的案例还有一个额外的优势，那就是在感兴趣的关键变量上引入了动态视角。

【关联条目】

案例抽样

【推荐阅读】

王扬眉. 家族企业继承人创业成长金字塔模型——基于个人意义构建视角的多案例研究［J］. 管理世界，2019，35（2）：168 – 184 + 200.

【参考文献】

Gerring J. Case Study Research: Principles and Practices ［M］. Cambridge: Cambridge University Press, 2006: 97 – 101.

◆越轨案例选择（Deviant Case – selection）

越轨案例是通过参考对某个主题（特定理论或常识）的一些一般性理解，证明了一个令人惊讶的价值。相较而言，越轨案例抽样在工商管理领域中使用较少。

【关联条目】

案例抽样

【推荐阅读】

欧阳桃花，郑舒文，程杨. 构建重大突发公共卫生事件治理体系：基于中国情景的案例研究［J］. 管理世界，2020，36（8）：19 – 32.

张新民，陈德球. 移动互联网时代企业商业模式、价值共创与治理风险——基于瑞幸咖啡财务造假的案例分析［J］. 管理世界，2020，36（5）：11，74 – 86.

【参考文献】

Gerring J. Case Study Research: Principles and Practices ［M］. Cambridge: Cambridge University Press, 2006: 105 – 115.

◆路径案例选择（Pathway Case – selection）

路径案例是在因果假设明确且已通过交叉案例分析得到证实的情况下，研究者着重研究一个因素的因果效应可能与其他潜在混淆因素分离的案例，以表明其对因果机制独特且深入的见解。

由于路径案例建立在先验交叉案例分析的基础上，因此案例选择问题必须与样本一起解决，不存在独立的路径案例。

在变量是二分法并且可以假设因果充分的情况下，路径依赖案例的逻辑是最清楚的，在这种情况下，所关注的因果因子本身足以（尽管可能不是必需）导致特定结果，即单向关系或不对称偶然关系。不需要做任何假设结果产生的原因被指定为其他向量，但也有极端的例外情况：在模型中所有变量都是二分法的情况下就没有途径案例，即"空白单元"问题，或者严重的因果多重共线性问题。

然而在最复杂的情况中，所有（或大多数）变量都是连续的，而不是二分法的。在变量是连续的情况中，案例选择的工作要复杂得多，因为因果的"充分性"（通常意义上）无法被调用。假定给定的原因可以完全分割，即可以消除所有相互竞争的因素，这不再是合理的假设。即使这样，路径案例也是可行的。例如，感兴趣的因果变量仅对感兴趣的结果具有最小的影响，即因果变量在通用模型中的作用很小。在这些情况下，唯一受到因果变量强烈影响的案例——如果有的话——可能是极端的异常值。

值得强调的是，原因识别的路径案例并没有消除探索其他案例的效用。但是，这种多案例研究超越了因果关系案例逻辑，并且以一种特别生动的方式说明了利益的因果关系。

【关联条目】

案例抽样

【参考文献】

Gerring J. Case Study Research：Principles and Practices ［M］. Cambridge：Cambridge University Press，2006：122－131.

◆ 最相似案例选择 （Most－Similar Case－selection）

最相似案例选择方法需要至少选择两个案例，且所选择的两个（或多个）案例中除研究者感兴趣的变量外其他方面都是相似的。

如果该研究是探索性的（产生假设），研究者会寻找在理论兴趣结果上不同，但在可能导致相似结果的各种因素的案例，这是研究初期的一种常见的选择方法。通常有效的案例分析从一个明显的异常开始：两个案例非常相似，但结果却不同。研究者希望通过对这些案例的深入研究，能够揭示这些案例中造成结果差异的一个或几个不同的因素。

对于最相似案例分析，有以下几个特别的注意事项：第一，必须对案例进行二分法编码（高/低、存在/不存在）。如果基础变量也是二分法的，就很简单了。但模型中关注的变量往往是连续的，在这种情况下，研究者必须将案例评分"二分化"，以简化双案例的分析。然而，经验世界并不总是满足米利安式分析的要求，在这种情况下，最相似比较的逻辑就变得可疑了。

第二，允许控制向量保持一定的灵活性，以便在不同的情况下保持稳定。如果偏差与预测的假设背道而驰，那么不一致是可以容忍的。最相似案例分析中以二分法的方式对连续变量进行编码的问题具有一定的挑战。

第三，对案例控制的要求并不严格。具体来说，通常不需要测量控制变量（至少不需要精确测量）来控制。这与随机实验中使用的技术类似，研究者通常不会尝试测量所有可能影响兴趣因果关系的因素。

与其他案例选择方法一样，最相似案例方法容易出现不具有代表性的问题。如果以定性方式使用此技术（没有系统的跨案例选择策略），则必须以推测的方式解决所选案例中的潜在偏见。如果研究者在一个大样本中使用案例选择的匹配技术，则可以通过选择不是极端异常的案例（通过完整模型中的残差来判断）来解决潜在偏见的问题。最相似的案例也应该是"典型"案例，尽管为了在各个案例之间找到合适的目的，围绕回归线存在一定偏差范围是可以接受的。

【关联条目】

同质性样本

【推荐阅读】

Dattée B，Alexy O，Autio E. Maneuvering in poor visibility：How firms play the ecosystem game when uncertainty is high［J］. Academy of Management Journal，2018，61（2）：466 – 498.

李宇，马征远. 大企业内部创业"裂生式"与"创生式"战略路径——基于海尔和思科的双案例研究［J］. 中国工业经济，2020（11）：99 – 117.

【参考文献】

Gerring J. Case Study Research：Principles and Practices［M］. Cambridge：Cambridge University Press，2006：131 – 139.

◆最不同案例选择（Most – Different Cases – selection）

最不同案例是不同的案例之间仅有一个独立变量以及因变量共变的情况，而所有（或绝大多数）其他可能的因素有显示不同的值。

最不同案例方法具有一定的优势与局限性。

第一，当编码假设是正确的，最不同的研究设计可能对消除必要原因十分有效。在所选案例中未出现的因果因子对于产生某一结果显然是不必要的。但是，并不能因此认为，最不同的方法是消除必要原因的最佳方法。即使是最不同分析的假定强度也并不强。

如果研究者只专注于消除必要的原因，那么研究者可能会局限于寻找那些结果相同、其他属性差异最大的案例。

第二，案例研究分析的重点是因果关系的识别（或澄清），而不是消除可能的原因。在这种情况下，最不同的技术同样十分有效，但前提是"因果唯一"的假设成立。

总而言之，最不同的（案例）研究方法不应完全被忽视。但实际上，大多数采用最不同方法的学者都会结合其他方法使用，该方法很少被单独使用。

【关联条目】

最相似案例抽样

【推荐阅读】

吴炯. 家族企业剩余控制权传承的地位、时机与路径——基于海鑫、谢瑞麟和方太的多案例研究［J］. 中国工业经济，2016（4）：110 – 126.

【参考文献】

Gerring J. Case Study Research：Principles and Practices［M］. Cambridge：Cambridge University Press，2006：139 – 147.

数据收集方法

◆ 数据收集方法 （Date Collection）

数据收集方法是案例研究者根据研究需要进行数据收集的方法。

通常，案例研究的数据来源多样，可以通过不同渠道收集多种来源的数据，它们能为案例研究提供证据支持。

需要特别注意的是，案例研究的数据收集要遵守四个原则（Yin，2014）。第一，收集一种以上来源的数据资料，以实现数据间的三角验证。第二，建立案例研究的数据库，保证数据库资料被单独、有序地汇编。第三，收集的资料之间要形成完整的证据链。第四，谨慎地收集二手资料，如从网络中收集的二手资料。

Yin（2017）提出，案例研究资料的证据包括文件、档案记录、访谈、直接观察、参与性观察、实物证据六种来源。

【关联条目】

目标型案例资料收集、探索型案例资料收集

【推荐阅读】

毛基业，张霞. 案例研究方法的规范性及现状评估——中国企业管理案例论坛（2007）综述 ［J］. 管理世界，2008（4）：115 – 121.

【参考文献】

Yin R K. Case study Research：Design and Methods （5rd edition）［M］. Los Angeles：Sage Publications，2014：221.

◆目标型案例资料收集（Targeted Case Data Collection）

目标型案例资料收集是指在案例资料收集前已明确研究目的，但缺少有效的案例资料来开展研究，依据研究目的来选取资料对象并确定资料收集范围。

在教学案例中，依据课程体系及知识点或者理论框架（理论知识收集）的需要，明确所需收集的主体案例资料（确定案例所需的所有案例资料，包括一手资料和二手资料），针对性地寻找相匹配的案例企业。

需要注意的是，为与案例企业沟通顺畅，需收集辅助资料（主要从二手资料中获得）来做好访谈准备，以提升与案例企业访谈效率。随即可走访企业，收集一手资料，并分析所收集的数据（将所得的资料和知识点或理论进行匹配和提炼）。

【关联条目】

探索型案例资料收集

【推荐阅读】

王新新，高俊，冯林燕，汤筱晓．弱主动服务行为的概念、影响及机制研究 [J]．管理世界，2021，37（1）：10，150－169.

魏江，王丁，刘洋．来源国劣势与合法化战略——新兴经济企业跨国并购的案例研究 [J]．管理世界，2020，36（3）：101－120.

【参考文献】

周春柳，胡芬，刘晓冰．管理案例资料及其收集方法研究 [J]．管理案例研究与评论，2017，10（3）：327－338.

◆探索型案例资料收集（Exploratory Case Data Collection）

探索型案例资料收集是指研究者已拥有部分案例资料，缺乏相应的理论依据或研究点，已有理论不能应用于该素材，需要探索新的理论或知识点来运用于案例现象。通过案例研究设计进一步收集案例资料，进行深入研究。

探索型案例资料收集与目标型案例收集的不同点在于驱动力。研究者需要首先了解的是企业的案例资料,通过分析案例资料,思考企业管理现象,从而发现一些有趣的知识点或新理论关系,这个阶段是通过对比已有的案例及理论知识来实现的。当需要进行案例采编或深入研究,其过程与目标型案例资料收集相同,确定主体资料和辅助资料、走访企业、收集和分析资料。

目标型案例和探索型案例资料收集过程及资料交互模型如图 3 - 5 - 1 所示。

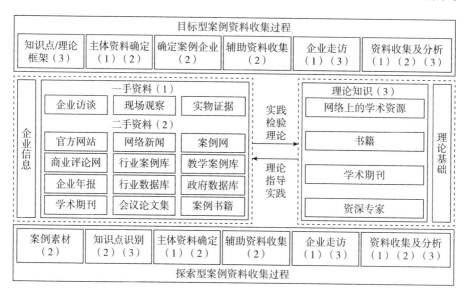

图 3 - 5 - 1　目标型案例和探索型案例资料收集过程及资料交互模型

资料来源:周春柳等(2017)。

【关联条目】

目标型案例资料收集

【推荐阅读】

万倩雯,卫田,刘杰. 弥合社会资本鸿沟:构建企业社会创业家与金字塔底层个体间的合作关系——基于 LZ 农村电商项目的单案例研究 [J]. 管理世界,2019,35(5):179 - 196.

刘意,谢康,邓弘林. 数据驱动的产品研发转型:组织惯例适应性变革视角的案例研究 [J]. 管理世界,2020,36(3):164 - 183.

【参考文献】

周春柳,胡芬,刘晓冰. 管理案例资料及其收集方法研究 [J]. 管理案例研究与评论,2017,10(3):327 - 338.

◆案例研究草案（Case Study Protocol）

案例研究草案是面向单一资料点收集资料的方式，能够指导研究者更好地通过单案例研究的思路收集证据，它也是增加案例研究信度的一种重要手段。

案例研究草案的内容包括四个方面：第一，案例研究概述，具体包括研究目的、背景、研究问题、有关研究问题的相关研究成果。第二，实地调研程序，具体包括保密承诺、二手资料、介绍信、其他。第三，研究问题，具体是指资料收集过程中研究者必须牢记的特定问题（研究者用以提醒自己的注意事项及收集资料时的指引问题），此外，研究者还需要熟知对应研究问题的数据资料来源渠道（即能够回答这些问题的数据资料来源）。第四，研究报告撰写指南索引，具体包括研究大纲、资料呈现方式、研究者介绍等。

【关联条目】

数据收集方法、目标型案例资料收集、探索型案例资料收集

【推荐阅读】

曹鑫，欧阳桃花，黄劲松，曲深. 基于共同演化的 B2B 平台策略研究：京东新通路案例［J］. 管理评论，2020，32（11）：308 - 320.

王扬眉. 家族企业继承人创业成长金字塔模型——基于个人意义构建视角的多案例研究［J］. 管理世界，2019，35（2）：168 - 184，200.

【参考文献】

Yin, R. K., Case study Research：Design and Methods（5rd edition）［M］. Los Angeles：Sage Publications，2014：102 - 116.

◆文件收集法（Document Collection）

文件收集法是指收集纸质（手写和印刷）、视听记录等各种记录文件作为案例数据的方法。

文件收集法针对已发生的实践或历史性事件，因观察法等其他方法无法收集已发生的数据信息，只能通过文件来收集该方面的数据。文件收集法是其他数据收集法的补充。

根据文件的形式，可分为纸质文件（Paper Document）和视听文件（Audio Visual Documents）。纸质文件通常包括政府和媒体的报告、会议记录、政策、信件、记录和日记等，视听文件通常包括访谈录音、录像、电视和电台脚本或录像、照片、地图和实物等。

根据文件的保密程度，可分为公开文件（Open Documentation）、限制性文件（Restricted Documentation）和保密文件（Closed Documentation）。公开文件通常是档案和公开出版物，包括信函、会议记录、报告和会议文件。限制性文件是指涉及私人信息或使用权的文件，文件的所有者对文件的使用有限制要求。若研究者能获得限制性文献，在文件的使用时需要使用匿名、数据掩盖等方式进行必要的处理来保护文件。保密文件是指只向极少使用者开放的文件，使用者常为文件的原创者及其团队成员。

根据文件的所有者类型分为官方文件（Official Documents）、私人文件（Personal Documentation）和流行文化文件（Popular Culture Documents）。官方文件是为交流和记录而发表的文件记录，包括以研究和讨论为目的的文章、信函等。私人文件是个体为自己的目的而撰写的文件，包括私人信件、日记和照片等。流行文化文件是出于商业目的开发的电视和电台节目、照片、海报等。收集流行文化文件需确保其是围绕研究问题而收集。类似地，档案收集（Archival Collection）是指收集档案作为案例数据的方法。档案收集是文件收集中的一种特殊的类型，其中档案是一种特殊的文件，是具有官方效用的，由政府、研究机构、商业组织、非营利组织等保存的、未出版的（Walch，2006），具有永久的文化、历史和证据性保留价值的历史记录。通常，档案往往被用来对其他数据进行三角验证或补充。

文件分析法的优点体现在三个方面：第一，针对性。文件是对研究对象、事件、问题及情境的具体描述，具有针对性。第二，高效性。文件可作为访谈和观察的补充数据，且文件能简化数据收集过程和数据分析过程。第三，客观性。文件是数据的客观描述，减少研究者的主观因素的影响。

但研究者在使用文件作为案例数据时，应判别文件的质量，需选择有代表性的文件作为案例数据。

【关联条目】

参与者观察、非参与者观察、结构化观察、非结构化观察、直接观察、间接观察

【推荐阅读】

王新新，高俊，冯林燕，汤筱晓. 弱主动服务行为的概念、影响及机制研究

[J]．管理世界，2021，37（1）：150－169＋10.

Bishop D G，Trevio L K，Gioia D，et al. Leveraging a Recessive Narrative to Transform Joe Paterno's Image：Media Sensebreaking，Sensemaking，and Sensegiving During Scandal［J］．Academy of Management Discoveries，2019，6（4）：572－608.

【参考文献】

苏敬勤，崔淼．工商管理案例研究方法［M］．北京：科学出版社，2011：95－98.

◆观察法（Observation）

观察法指通过观察的形式进行数据收集的方法，即研究者带着明确的目的，直接地、有针对性地去了解现象的发展和变化（杨杜，2009）。

观察法主要用于收集与被观察者相关的数据，在观察过程中可以综合运用多种数据收集方法，如访谈、观察、文件等，以回答"在什么背景下、什么人、什么时候、在哪里、做了什么"等相关问题。

根据研究者是否参与被观察者的活动，可分为参与者观察（Participant Observation）和非参与者观察（Non－participant Observation）。

根据是否有详细的观察计划和严格的观察程序，可分为结构化观察（Structured Observation）和非结构化观察（Non－structured Observation）（苏敬勤和崔淼，2011）。

根据观察者是否与被观察者直接接触，可分为直接观察（Direct Observation）和间接观察（Indirect Observation）（范伟达，2001）。

为进行更为聚焦、更有针对性的观察，需提前确定相关的观察对象、实施观察的原因、观察时间点、时间长度，以保证信息的充足和准确性。此外，研究者还需提前对观察对象进行编号，保证能在动态变化中及时记录实地笔记。录音和录像设备的出现为观察法收集数据提供了便捷条件，使研究者可以回放被观察者的行为、活动以及发生的事件，也有助于其他研究者按照原有思路对案例研究进行再分析。

使用观察法收集数据时，虽然研究者难以收到全部数据，但需要确保能够就研究主题收集到充足的数据，以支持案例分析。同时，为提高所获取的数据的质量，研究者可以在不同的时间、地点、针对不同的行为进行观察，以提高数据的效度（苏敬勤和崔淼，2011）。

此外，为保证观察法的顺利进行，研究者需得出确定性概念。确定性概念（Definitive Concept）是指研究者能够精确地描绘出一类研究主体的特征，明确地说明观察到了什么现象（苏敬勤和崔淼，2011）。

要从观察到的现象中析出一个全新的概念，要求案例研究者在案例研究过程中遵循以下三种标准：第一，需要保持进行解释（Hermeneutical）的热情；第二，不间断地对案例研究收集的数据与经验概念（Empirical Concepts）进行比较；第三，在数据收集和分析的全过程中，严格遵循案例研究过程和方法的要求。

【关联条目】

参与者观察、非参与者观察、结构化观察、非结构化观察、直接观察、间接观察

【推荐阅读】

Ashforth B E，Reingen P H. Functions of Dysfunction：Managing the Dynamics of an Organizational Duality in a Natural Food Cooperative ［J］. Administrative Science Quarterly，2014，59（3）：474 – 516.

Corely K G，Gioia D A. Identity Ambiguity and Change in the Wake of a Corporate Spin – Off ［J］. Administrative Science Quarterly，2004，49（2）：173 – 208.

【参考文献】

［1］范伟达. 现代社会研究方法 ［M］. 上海：复旦大学出版社，2001：149 – 172.

［2］苏敬勤，崔淼. 工商管理案例研究方法 ［M］. 北京：科学出版社，2011：91 – 92.

［3］杨杜. 管理学研究方法 ［M］. 北京：北京大学出版社，2009：141 – 143.

◆参与者观察（Participant Observation）

参与者观察指研究者为深入了解情况，以内部成员的角色参与到被观察者的实际活动中来进行观察（范伟达，2001）。

在参与者观察的过程中，研究者不仅要承担观察者的角色，还要承担参与者的角色。根据研究者身份是否暴露，参与者观察可分为公开观察与秘密观察两类。

参与者观察的优点体现在两个方面：第一，若以研究者身份参与到被研究者的实践活动中，其优势在于能以全新的视角进行观察。第二，若研究者本身就是被研

究者中的一员，即对身边的现象、事件或问题进行研究，其优势在于更容易获取数据及被研究者的信任，更好地融入所观察的环境并就研究的问题进行观察和分析。

参与者观察的缺点体现在三个方面：第一，研究者的出现会影响被研究者的行为，可能会影响所获取数据的准确性。第二，受视角和认知的影响，研究者解读所观察到的现象。往往是自己所不熟悉的，因此对现象的认知常会受到其自身的文化背景、性别、年龄等因素的影响，从而难以客观地解读所观察的现象。第三，当被研究者与研究者之间并不熟知时，其通常不愿提供全面深入的信息。

实施参与者观察一般分为以下五个阶段：一是进入观察现场；二是与被观察者建立密切的关系；三是确定观察内容，制订观察计划；四是进行实地观察，做好观察记录；五是撤离观察现场，写出观察报告。

【关联条目】

观察法、非参与者观察

【推荐阅读】

朱晓红，陈寒松，张腾. 知识经济背景下平台型企业构建过程中的迭代创新模式——基于动态能力视角的双案例研究［J］. 管理世界，2019，35（3）：142 - 156，207 - 208.

Blake，E，Ashforth，et al. Functions of Dysfunction：Managing the Dynamics of an Organizational Duality in a Natural Food Cooperative［J］. Administrative Science Quarterly，2014，59（3）：474 - 516.

【参考文献】

［1］范伟达. 现代社会研究方法［M］. 上海：复旦大学出版社，2001：150 - 151，153 - 164.

［2］苏敬勤，崔淼. 工商管理案例研究方法［M］. 北京：科学出版社，2011：93 - 94.

◆非参与者观察法（Non - Participant Observation）

非参与者观察是指研究者不实际参与所需观察的活动中，仅作为观察者，围绕研究目标对案例相关事件、活动及所需观察的对象进行交互观察。根据研究者身份是否暴露，非参与者观察可分为公开观察与秘密观察两类。

　　非参与者观察的优点体现在两个方面：第一，可以深入某些敏感主题进行数据收集，研究问题的危险性或敏感性使其他方法难以进行数据收集，如对失败案例的研究，一般被研究者不愿提供相关信息（苏敬勤和崔淼，2011）。第二，所获取的数据资料比较客观、真实，能加深研究者对案例的理解。通常用于探索性研究，即通过实地观察来发现问题、提出问题（范伟达，2001）。

　　非参与者观察的缺点体现在三个方面：第一，研究者的出现会影响被研究者的行为，影响所获取数据的准确性。第二，受研究者视角和认知的影响，研究者解读所观察到的现象往往是自己所不熟悉的，因此对现象的认知常会受到文化背景、性别、年龄等因素的影响，难以客观地解读所观察到的现象。第三，研究者无法观察到所有的现象，只能有选择性地观察，因此，研究者是否围绕研究主题观察了最为重要的现象会影响案例研究的质量。第四，研究者个人（或团队）的外部视角观察的现象不够充分，还需要补充被研究者个人的描述（苏敬勤和崔淼，2011）。

【关联条目】

观察法、参与者观察

【推荐阅读】

孙九霞，吴传龙，凌玲．旅游地特色饮食的地方化：丽江三文鱼的生产与消费［J］．南开管理评论，2018，21（2）：182－191．

肖静华，吴瑶，刘意，谢康．消费者数据化参与的研发创新——企业与消费者协同演化视角的双案例研究［J］．管理世界，2018，34（8）：154－173，192．

【参考文献】

［1］范伟达．现代社会研究方法［M］．上海：复旦大学出版社，2001：150－151．

［2］苏敬勤，崔淼．工商管理案例研究方法［M］．北京：科学出版社，2011：92－93．

◆ 结构化观察（Structured Observation）

　　结构化观察是指研究者在观察前，事先制订好观察计划和观察程序，在观察过程中严格按照计划的内容和程序进行观察。

　　结构化观察的优势在于观察过程的标准化，其对观察的对象、范围、内容和程度都进行了严格的规定，通常不能轻易改动，因此，通过结构式观察所获得的数据资料更具系统性、客观性（范伟达，2001）。同时也有利于研究者进行数据比较（苏敬勤和崔淼，2011）。

实施结构化观察一般分为四个方面：第一，确定观察对象和观察内容；第二，观察内容具体化，并进行详细的分类，确定观察的变量和指标；第三，按照观察指标制定观察提纲，并确定标准化的观察方法和记录方法；第四，整理和分析观察记录（范伟达，2001）。

【关联条目】

观察法、结构化观察

【推荐阅读】

刘意，谢康，邓弘林. 数据驱动的产品研发转型：组织惯例适应性变革视角的案例研究 ［J］. 管理世界，2020，36（3）：164－183.

【参考文献】

［1］范伟达. 现代社会研究方法 ［M］. 上海：复旦大学出版社，2001：151，164－170.

［2］苏敬勤，崔淼. 工商管理案例研究方法 ［M］. 北京：科学出版社，2011：91－92.

◆ 非结构化观察（Non－Structured Observation）

非结构化观察指研究者在观察前，事先不对观察的内容和程序进行严格的规定，而是根据研究者所处的实际情况随机进行观察。

非结构化观察的优势在于比较灵活，观察者可以基于事先制订的初步计划进行观察，在观察过程中可以充分发挥其主动性、能动性和创造性（范伟达，2001），从而有机会获得更为丰富和深入的数据资料（苏敬勤和崔淼，2011）。

但是，非结构化观察所获取的数据资料系统性、规范性不足，受到观察者个人主观因素的影响较大，可信度相对较低（范伟达，2001）。

【关联条目】

观察法、结构化观察

【推荐阅读】

王凤彬，王骁鹏，张驰．超模块平台组织结构与客制化创业支持——基于海尔向平台组织转型的嵌入式案例研究［J］．管理世界，2019，35（2）：121－150，199－200．

朱晓红，陈寒松，张腾．知识经济背景下平台型企业构建过程中的迭代创新模式——基于动态能力视角的双案例研究［J］．管理世界，2019，35（3）：142－156，207－208．

【参考文献】

［1］范伟达．现代社会研究方法［M］．上海：复旦大学出版社，2001：151．
［2］苏敬勤，崔淼．工商管理案例研究方法［M］．北京：科学出版社，2011：91－92．

◆ 直接观察（Direct Observation）

直接观察指对研究现场的直接观察，聚焦于与被观察者有关的社会或环境条件（Yin，2014）。

前文所介绍的参与者观察、非参与者观察、结构化观察和非结构化观察都是直接对人进行观察，而非对物进行观察（范伟达，2001）。直接观察则既可以是对人的观察，也可以是对人周围的环境条件的观察。

直接观察既可以是正式的观察，也可以是非正式的观察。在正式的观察中，其观察工具可拓展为案例研究的一部分，观察者可以实地观察某些行为在一定时间段内的发生概率。非正式的观察可以穿插在实地探访中进行，也可同时收集其他材料。

直接观察的优点在于真实性和联系性，即直接观察可以观察到真实发生的事件，并且能够了解事件发生的背景和产生的结果（Yin，2014）。

直接观察的缺点包括（Yin，2014）：第一，为观察事件的全貌，直接观察将耗费研究者大量的时间及人力成本；第二，直接观察通常需要多人参与，否则可能由于选择观察对象的偏差，而收集到无效数据；第三，直接观察可能导致受观察者调整、掩饰自己的行为。

案例研究应在案例的自然情境中进行，因此，研究者有必要创造机会进行直接观察。观察性证据能为研究提供补充性信息。

【关联条目】

观察法、间接观察

【推荐阅读】

刘意，谢康，邓弘林．数据驱动的产品研发转型：组织惯例适应性变革视角的案例研究［J］．管理世界，2020，36（3）：164－183.

韩炜，杨俊，胡新华，张玉利，陈逢文．商业模式创新如何塑造商业生态系统属性差异？——基于两家新创企业的跨案例纵向研究与理论模型构建［J］．管理世界，2021，37（1）：7，88－107.

【参考文献】

［1］范伟达．现代社会研究方法［M］．上海：复旦大学出版社，2001：151.

［2］Yin, R. K., Case study Research：Design and Methods（5rd edition）［M］. Los Angeles：Sage Publications，2014：137－139.

◆ 间接观察（**Indirect Observation**）

间接观察指研究者对物品、社会环境、行为痕迹等客观事物进行的观察，以间接地获取观察对象的状况和特征。

间接观察的缺点在于，由客观事物的迹象推断人的行为和思想状况，信度较低，也较难进行检验。因此，间接观察通常被作为辅助或补充的调查方法。

【关联条目】

观察法、直接观察

【推荐阅读】

王凤彬，王骁鹏，张驰．超模块平台组织结构与客制化创业支持——基于海尔向平台组织转型的嵌入式案例研究［J］．管理世界，2019，35（2）：121－150，199－200.

【参考文献】

范伟达．现代社会研究方法［M］．上海：复旦大学出版社，2001：151－153.

◆ 访谈法（Interview）

访谈法指通过进行有明确目的和方向的访谈来进行数据收集的方法，强调通过谈话来实现信息的获取。

研究者的访谈技能决定研究的成败。成功的访谈，能通过访谈过程发现其中的管理问题，继而收集到分析问题、解决问题所需的有价值的信息和资料（杜杨，2009）。

访谈法有两种主要的分类方法，具体分类如表3–5–1所示。

表3–5–1　访谈法类型

访谈法	
访谈的方式	研究问题的形式和受访者回答的自由度
面对面访谈	结构化访谈
电话访谈	半结构化访谈
在线网谈	非结构化访谈
邮件访谈	非正式访谈

访谈一般包括八个步骤：一是确定被访谈对象；二是初始收集调研对象的背景信息；三是调研提纲的准备与事先发放；四是调研团队的默契建立与内容熟知；五是进入现场与启动访谈；六是多个访谈者策略及角色分配；七是多个被访谈者策略及相互验证；八是记录和收集完整的数据（李亮等，2020）。

访谈结束后，研究者需尽快将访谈所获取的录音、录像材料以及实地笔记进行整理和综合分析，以得出案例研究结论（苏敬勤和崔淼，2011）。

访谈法的优点是，第一，具有很强的针对性，能够直接针对案例研究的问题收集数据；第二，能够收集受访者对事件发展的因果推断和个人观点，所收集的数据往往较为深入。

访谈法的缺点是，第一，设计不当的问题会导致所收集的数据出现误差；第二，因问题描述或受访者的个人原因，受访者的回答也会存在误差；第三，研究者记录不当会影响数据的精确度，但是，由于多媒体工具的使用，这种缺点被较大地克服；第四，受访者不一定会完全按照采访者的意图回答，这提高了研究的不确定性。

【关联条目】

结构化访谈、半结构化访谈、非结构化访谈、非正式访谈

【推荐阅读】

Bishop D G，Trevio L K，Gioia D，et al. Leveraging a Recessive Narrative to Transform Joe Paterno's Image：Media Sensebreaking，Sensemaking，and Sensegiving During Scandal ［J］. Academy of Management Discoveries，2019，6（4）：572－608.

【参考文献】

［1］苏敬勤，崔淼. 工商管理案例研究方法［M］. 北京：科学出版社，2011：85.

［2］杨杜. 管理学研究方法［M］. 北京：北京大学出版社，2009：144－145.

［3］李亮，刘洋，冯永春. 管理案例研究：方法与运用［M］. 北京：北京大学出版社，2020.

◆ 结构化访谈（Structured Interview）

结构化访谈指在访谈前先设计详细的问卷内容和访谈程序，对访谈的过程中几乎完全按照所设计的问卷内容和访谈流程来进行访谈。

结构化访谈又称正式访谈或标准访谈，类似问卷调查，不同点在于受访者是通过讲述的方式来回答问题（潘善琳和崔丽丽，2018）。

结构化访谈需将访谈过程、访谈内容、访谈方式等方面进行统一，做到标准化、模式化。以便于对访谈结果进行量化处理（杨杜，2019）。

【关联条目】

访谈法、半结构化访谈

【推荐阅读】

刘志迎，龚秀媛，张孟夏. Yin、Eisenhardt 和 Pan 的案例研究方法比较研究——基于方法论视角［J］. 管理案例研究与评论，2018，11（1）：104－115.

【参考文献】

［1］潘善琳，崔丽丽 . SPS 案例研究方法（第二版）［M］. 北京：北京大学出版社，2018：49 - 50.

［2］杨杜 . 管理学研究方法［M］. 北京：北京大学出版社，2009：143 - 144.

◆半结构化访谈（Semi - Structured Interview）

半结构化访谈指在访谈前，将访谈提纲（访谈的基本要求及核心问题）提供给受访者，以便受访者能在访谈前大致了解访谈相关的内容与范围的数据收集方法。

访谈过程通常有一个主问人和若干个提问者，主问人负责控制整个访谈过程，并围绕访谈提纲对受访者进行访谈。主问人在访谈前需要了解团队中其他提问者的理论视角和关注问题，以便访谈问题能尽可能覆盖所有研究者所需要的信息。只有在访谈接近尾声时，其他提问者才可以围绕自己的理论视角，就主问人未提及的内容进行补充提问，由此使整个访谈过程逻辑清晰，受访者也不会过多受到不同思路的影响，同时兼顾团队所有研究者所需了解的问题（潘善琳和崔丽丽，2018）。

访谈结束后可以进行"结构置放"，即完成第一次访谈的录音转录，对访谈内容进行初步分析后，将受访者的主要观点写在小卡片上，请受访者检查内容是否准确，同时可借助结构置放将余下的概念以类似科学理论的形式加以结构化（吕力，2013）。

【关联条目】

访谈法、结构化访谈、非结构化访谈

【推荐阅读】

陈逢文，付龙望，张露，于晓宇 . 创业者个体学习、组织学习如何交互影响企业创新行为？——基于整合视角的纵向单案例研究［J］. 管理世界，2020，36（3）：142 - 164.

Bishop D G, Trevio L K, Gioia D, et al. Leveraging a Recessive Narrative to Transform Joe Paterno's Image: Media Sensebreaking, Sensemaking, and Sensegiving During Scandal［J］. Academy of Management Discoveries, 2019, 6 (4): 572 - 608.

【参考文献】

［1］吕力. 管理学案例研究方法［M］. 北京：经济管理出版社，2013.

［2］潘善琳，崔丽丽. SPS 案例研究方法（第二版）［M］. 北京：北京大学出版社，2018：49－50.

◆ 非结构化访谈 （Unstructured Interview）

非结构化访谈又称深度访谈或自由访谈，是指访谈前不提前设问卷内容和访谈程序，只是确定一个访谈的主题或范围，在访谈的过程中，访谈者与受访者围绕这个主题或范围进行自由、深入的访谈。

非结构化访谈的具体问题是在访谈过程中形成的。访谈者提问的方式、顺序都是不确定的。对访谈内容的记录及访谈时的外部环境也没有统一的要求，可以根据访谈过程中的实际情况做具体安排（潘善琳和崔丽丽，2016）。

非结构化访谈可以是非正式访谈，即访谈者和受访者未事先设计和安排的，但访谈者同样可以在非正式访谈过程中，通过实地笔记记录来获取数据用以案例研究。非结构化谈话强调充分的、开放的双向互动，如此可以避免受到研究者先入为主的观点影响，而且可以通过观察受访者的反应，在访谈过程进行灵活的调整，让访谈更为深入的进展，从而深刻地揭示受访者对访谈问题的潜在动机、信念、态度和情感（杨杜，2009）。

【关联条目】

访谈法、结构化访谈、半结构化访谈

【推荐阅读】

王建明，王俊豪. 公众低碳消费模式的影响因素模型与政府管制政策——基于扎根理论的一个探索性研究［J］. 管理世界，2011（4）：58－68.

颜士梅，张钢. 并购整合中身份凸显性转化以及对离职意愿的影响：多案例研究［J］. 管理世界，2020，36（8）：110－127.

【参考文献】

［1］潘善琳，崔丽丽. SPS 案例研究方法（第二版）［M］. 北京：北京大学出版社，2018：49－50.

［2］杨杜．管理学研究方法［M］．北京：北京大学出版社，2009：144－145.

◆焦点访谈（Focus Interview）

焦点访谈有两种内涵：一是焦点访谈，指访谈者按照案例研究方案中的问题（或一组问题）发问，多不涉及宽泛的、开放性的问题，而以证实已确定的事实为主要目的的访谈方法（Yin，2014）。二是焦点小组访谈，指研究者同时对焦点小组内的多个受访者组进行访谈来进行数据收集的方法（吕力，2013；Yin，2014）。

为在访谈过程中获得更加丰富和深入的信息，或者访谈时间有限，或者受访者进行单独访谈时不愿提供信息，研究者常通过焦点小组的方式获取相关信息。

针对第一种焦点访谈，研究者在访谈过程中应注意两点。第一，提出的问题要具体且措辞严谨，以便不带个人理解地向受访者提问，让受访者做出自己的评论。第二，若不同受访者给出相似的观点，但却像提前"串通一气"①的，则需研究者做进一步的调查（Yin，2014）。

针对第二种焦点访谈，即焦点小组访谈，需要注意以下三个方面：第一，访谈时间。每个焦点小组的访谈时间应控制在90分钟，由于访谈过程中可能出现拖延，实际访谈时间通常控制在2个小时。

第二，访谈成员数量。每个焦点小组成员数量应控制在6~10个，以此利用团体气氛激励每个受访者都发表个人的看法，同时也能保证每个受访者都能得到足够的关注，充分表达自己的观点，但考虑到受访者的参与概率，应将每个小组的人数控制在正常值的120%，以实现三角验证。

第三，焦点小组的数量。每个案例的焦点小组的数量应控制在3~5个。就焦点小组的访谈问题而言，设计访谈的问题或主题应控制在4个左右，其中，第一个问题应以事实为基础，使同一小组内的受访者之间能够互相熟悉；第二个问题应使受访者明确自己及其他受访者与该案例的关系，之后可以进入主要的访谈问题。在总结问题中，需要小组内受访者逐一对个人及其他受访者的陈述进行总结和评论，并且还需要询问受访者是否对问题和回答有所补充（苏敬勤和崔淼，2011）。

此外，如果要了解更大群体的观点，切忌扩充焦点小组的人数，而应补充焦点小组的数量，让受访者分在较小的焦点小组中（Yin，2014）。

---

① 指不同受访者虽拥有差异观点，但选择给出同样的回答，这类回答往往可能含有虚假成分。

【关联条目】

访谈法、焦点访谈

【推荐阅读】

王建明，王俊豪. 公众低碳消费模式的影响因素模型与政府管制政策——基于扎根理论的一个探索性研究［J］. 管理世界，2011（4）：58－68.

江鸿，吕铁. 政企能力共演化与复杂产品系统集成能力提升——中国高速列车产业技术追赶的纵向案例研究［J］. 管理世界，2019，35（5）：106－125，199.

【参考文献】

［1］吕力. 管理学案例研究方法［M］. 北京：经济管理出版社，2013：130.

［2］苏敬勤，崔淼. 工商管理案例研究方法［M］. 北京：科学出版社，2011：87－88.

［3］Yin R K. Case study Research：Design and Methods（5rd edition）［M］. Los Angeles：Sage Publications，2014：137－139.

◆专家访谈（Expert Interview）

专家访谈法是研究者通过对某一领域的专家访谈进行数据收集的方法。

专家访谈的核心问题之一是访谈者能否将访谈的内容限定于受访者所感兴趣的专业方面。

专家访谈需要注意三个方面：第一，在访谈过程中，专家因其不是所研究领域的专家，从而终止了访谈。第二，在访谈过程中，专家所谈论的并非是访谈的主题，而是谈论其他与访谈主题无关的内容，专家常在专家和个人的角色之间变换，从而使访读者所获得的专家个人信息多于其专家的专业知识信息。第三，出现修辞性访谈。

【关联条目】

访谈法

【推荐阅读】

彭新敏，郑素丽，吴晓波，吴东. 后发企业如何从追赶到前沿？——双元性学习

的视角 ［J］．管理世界，2017（2）：142－158.

李恒毅，宋娟．新技术创新生态系统资源整合及其演化关系的案例研究 ［J］．中国软科学，2014（6）：129－141.

【参考文献】

吕力．管理学案例研究方法 ［M］．北京：经济管理出版社，2013：132－133.

◆民族志访谈（Ethnography Interview）

民族志访谈指研究者通过融入式观察和定向式访谈相结合的方法进行数据收集。民族志访谈可以理解为一系列亲切的闲谈，研究者通过不断在谈话中引入新的元素，使受访者做出回答。

在民族志访谈前，需提前进行候选人识别和人物角色假设。候选人识别是指访谈者获得关于受访者行为的整个范围，在计划访谈时恰当地识别受访者的不同类型；人物角色假设是指研究者对不同类型的受访者进行的初步勾勒。

民族志访谈通常分为三个阶段：第一，访谈早期，焦点通常较为广泛，研究者需聚焦访谈的总体结构和目标导向的问题；第二，访谈中期，访谈者开始逐渐了解受访者，可提出灵活性的问题来贯穿访谈过程；第三，访谈后期，研究者需利用封闭式的问题以收集数据、整理零散的资料信息。

民族志访谈的基本方法简单、直接且低技术依赖。研究者需要遵循五个建议，以得到丰富的数据回报：第一，在交互现场进行访谈；第二，不要采用固定的问题列表；第三，关注目标，其次是任务；第四，鼓励受访者讲故事；第五，不要进行诱导式提问。

【关联条目】

访谈法

【推荐阅读】

Ashforth B E, Reingen P H. Functions of Dysfunction：Managing the Dynamics of an Organizational Duality in a Natural Food Cooperative ［J］．Administrative Science Quarterly，2014，59（3）：474－516.

Hareth，Al－Janabi，and，et al. What do people value when they provide unpaid care for an older person? A meta－ethnography with interview follow－up ［J］．Social Science &

Medicine，2008，67（1）：111-121.

【参考文献】

吕力．管理学案例研究方法［M］．北京：经济管理出版社，2013：133-134.

◆ 事件访谈（Event Interview）

事件访谈又称行为事件访谈，是指研究者通过事件访谈进行数据收集的方法。即访谈出发点是主体对某一特定的经验以叙事性—事件性知识以及语义性知识而被存储和记忆的。

事件访谈基于事件性知识的叙述，所以此类访谈侧重受访者的主观经验。访谈的核心要素是要求受访者尽可能完整地叙述具体的情况。为使访谈导向叙述所针对的主题领域，访谈者可以事先准备访谈提纲。为使受访者接受此类访谈形式，访谈者可以向受访者说明事件访谈的基本原则。

【关联条目】

访谈法

【推荐阅读】

叶瑛，姜彦福．创业投资机构的信任影响新创企业绩效的跨案例研究［J］．管理世界，2009（10）：152-163.

刘方龙，邱伟年，曾楚宏．组织核心价值观的内涵及其评价指标——价值共创视角下的多案例研究［J］．外国经济与管理，2019，41（1）：86-101.

【参考文献】

吕力．管理学案例研究方法［M］．北京：经济管理出版社，2013：134.

◆ 深度访谈（Depth Interviews）

深度访谈是各种不同类型的质性研究所采用的一种有用的数据收集方法，通常围绕具体问题或经验进行深入探究（卡麦兹，2016）。

这种访谈能持续 2 个小时以上，既可以在单个情境中进行，也可以是一个包括多个情境的时间段。访谈中研究者可以向主要访谈对象提问对某人、某事的理解和看法，或者是对某一特定事件的见解、解释或意义阐释。在某些情况下，甚至可以将受访者的观点作为进一步询问的基础，让受访者推荐其他访谈对象和资料信息来源。

受访者越是以这种方式提供协助，他们的角色就越像是"信息提供者"而不是"受访者"。主要的"信息提供者"对案例研究的成败至关重要。他们向案例研究者提供的不仅是对某一问题的见解，而且会帮助研究者找到其他受访者，获得相关与相反的资料。

当然，也应避免过度依赖信息提供者，尤其是避免可能对你产生的人际影响性因素，这种影响通常是很微妙的。为避免掉进这个陷阱，要多使用其他信息来源，与信息提供者的观点相佐证，而且尽可能仔细地寻找相反的资料来检验。

【关联条目】

访谈法、半结构化访谈

【推荐阅读】

苏敬勤，李召敏. 案例研究方法的运用模式及其关键指标［J］. 管理学报，2011，8（3）：340－347.

吕力. 管理案例研究的信效度分析：以 AMJ 年度最佳论文为例［J］. 科学学与科学技术管理，2014，35（12）：19－29.

【参考文献】

凯西·卡麦兹. 建构扎根理论：质性研究实践指南［M］. 重庆：重庆大学出版社，2016：34－45.

六

数据分析方法

◆ 数据分析（Data Analysis）

　　数据分析包括定性数据分析和定量数据分析，需有不同来源的数据实现相互印证，即"三角测量"，多数据来源及三角测量是保证研究构建效度的重要基础。

　　定性数据分析尚未形成一套标准的数据分析技术，面对定性数据，研究者需付出更多的努力，通过借助在案例研究中积累的经验对数据进行分析和阐释。

　　案例研究的数据分析具有以下四个共同特征：第一，归纳式分析过程。案例研究是归纳式的，主要概念及新理论是从数据中涌现而出，而不是先验性的。需提取访谈的主题及内容进行归纳总结，以归纳研究主题。

　　第二，数据分析的迭代性。定性数据分析不是一个线性的过程，也不是一次就能够完成，而具有高度的迭代性，至少包括数据收集与数据分析间的反复迭代，以及数据与理论间的反复迭代。

　　第三，数据分析中的显分析与潜分析。显分析与潜分析是定性数据分析的两个重要阶段。显分析是对信息表层结构的分析，一般是从访谈对象的角度，应用他们的词汇重新构建事件过程。这一过程中所归纳的概念被称为"一阶概念"。潜分析是对信息深层结构的分析，是研究者对数据进行分析和阐释的过程，研究者在进行分析和阐释时需整合其对于研究主题和研究情境的知识，同时还需参考现有研究文献。这一过程中所归纳的概念被称为"二阶概念"。

　　第四，定性分析中的"验证"过程。在数据分析的后期阶段常常需要对之前分析的结论进行复核。对于多案例研究，研究者一般用其他案例对分析结论进行检验，对于单案例研究，则使用非访谈数据来检验根据访谈数据所归纳的结论，也可将研究报告提供给部分访谈对象，以寻求反馈。

【关联条目】

编码

【推荐阅读】

肖静华，吴瑶，刘意，谢康. 消费者数据化参与的研发创新——企业与消费者协同演化视角的双案例研究［J］. 管理世界，2018，34（8）：154－173，192.

Miles B.，Huberman M. Qualitative Data Analysis：An Expanded Source Book［M］. Beverly Hills：Sage Publications，1994.

【参考文献】

潘绵臻，毛基业. 再探案例研究的规范性问题——中国企业管理案例论坛（2008）综述与范文分析［J］. 管理世界，2009（2）：92－100，169.

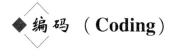

◆ 编 码 （Coding）

编码是指收集数据和形成理论之间的关键环节，从所收集的数据中编码归纳出理论是数据分析中最重要也最难的工作。利用编码定义数据中发生的情况，并思考其中的意义，所编制的代码共同形成了初始理论的要素，用以解释收集的数据，并指引接下来的数据收集（卡麦兹，2016）。

扎根理论编码需至少包括两个主要阶段。第一，初始阶段，为数据的每个词语、句子或段落进行命名；第二，使用聚焦和选择阶段，使用最重要、出现最频繁的初始代码对大部分数据进行分类、综合、整合和组织。

扎根理论有三大主要派系，分别是 Glaser 格拉塞扎根理论、Strauss 斯特劳斯扎根理论和 Charmaz 卡麦兹扎根理论。不同的扎根理论，有其对应的不用的编码方式。

Glaser 格拉塞扎根理论中数据使用开放式编码（Open Coding）、聚类编码（Focused Coding）和选择性编码（Selective Coding）进行持续比较。其比较方法分为两个基本的分析流程（Glaser，1992）：第一，事件与事件的持续比较，形成概念；第二，事件与概念得到持续比较，形成类别属性（Glaser，1978）。

Strauss 斯特劳斯扎根理论中数据使用开放式编码（Open Coding）、主轴式编码（Axial Coding）和选择性编码（Selective Coding）来发展概念和发现类别，进而发展类别属性和维度（Strauss，1990）。

Charmaz 卡麦兹扎根理论中数据使用初始编码（Initial Coding）、聚焦编码（Focused Coding）和理论编码（Theory Coding）对数据进行分析，形成新的类别（Charmaz，2014）。

【关联条目】

开放式编码、主轴式编码、选择性编码、初始编码、聚焦编码、理论编码

【推荐阅读】

衡量，贾旭东，李飞．扎根范式下虚拟企业战略演进过程及机理的研究［J］．科研管理，2019，40（7）：152－162.

贾旭东，衡量．扎根理论的"丛林"、过往与进路［J］．科研管理，2020，41（5）：151－163.

【参考文献】

［1］凯西·卡麦兹（边国英）．建构扎根理论：质性研究实践指南［M］．重庆：重庆大学出版社，2016：58－60.

［2］Charmaz K，Constructing grounded theory［M］．London：Sage，2014，343.

［3］Glaser B G，Basics of grounded theory analysis［M］．Mill Valley，CA：The Sociology Press，1992：39.

［4］Glaser B G，Theoretical Sensitivity［M］．CA：The Sociology Press，1978：72.

［5］Strauss A，Corbin J. Basics of qualitative research：Techniques and procedures for developing grounded theory［M］．CA：Sage，1990：61－73.

◆开放式编码（Open Coding）

开放式编码是 Strauss（斯特劳斯）扎根理论中编码的第一步，即研究者不带有任何主观色彩、不受任何理论影响地去阅读访谈数据中的每一句话后，尽量使用客观（如受访者自己的语言）、确切的词汇进行现象概念化的一种编码方式。

有时现象概念化难以实现一步到位，研究者需在已有概念的基础上再次进行现象概念化，直到得到满意的结果。此时，便能得到较多初始概念（即"一阶概念"），这些初始概念未必有助于最终形成的新理论，但在这一步，研究者应做到"不挑不拣"，尽可能地把所有初始概念全部归纳出来，即将访谈数据中所有的原始信息通过现象概念化反映出来。

【关联条目】

主轴式编码、选择性编码

【推荐阅读】

张璐，梁丽娜，苏敬勤，张强，长青．破茧成蝶：创业企业如何突破能力的刚性束缚实现进阶？［J］．管理世界，2020，36（6）：189－201，253.

张宁，才国伟．国有资本投资运营公司双向治理路径研究——基于沪深两地治理实践的探索性扎根理论分析［J］．管理世界，2021，37（1）：8，108－127.

【参考文献】

张霞，毛基业．国内企业管理案例研究的进展回顾与改进步骤——中国企业管理案例与理论构建研究论坛（2011）综述［J］．管理世界，2012（2）：105－111.

◆ 主轴式编码 （Spindle Coding）

主轴式编码又称轴心编码，是 Strauss 斯特劳斯扎根理论中编码的第二步，即研究者可以采取如"条件—行动—结果"这样的逻辑关系来寻找初始概念之间的联系，再将所有初始概念"三五成群"地整合成若干"轴线"，形成更高层次的概念（即"二阶概念"）的一种编码方式。

与第一步进行的开放式编码所持"客观态度"不同，主轴式编码会出现"哪些概念、可以按照什么逻辑关系组成一个轴线"的问题，回答这一问题，研究者需具有自己的主观性，有自己的判断和回答，而判断的依据主要是研究问题及相关理论。在"找轴线"的过程中，研究者需不断地与研究问题进行比较、与相关理论进行比较，在不断比较的过程中逐渐形成某个"标准"，按照这一标准。尽可能使找出来的"轴线"是合理的，同时清理掉与研究问题不相关的初始概念。

【关联条目】

开放式编码、选择性编码

【推荐阅读】

郭会斌．温和改善的实现：从资源警觉到资源环境建构——基于四家"中华老字号"的经验研究［J］．管理世界，2016（6）：133－147，188.

王扬眉. 家族企业继承人创业成长金字塔模型——基于个人意义构建视角的多案例研究 [J]. 管理世界, 2019, 35 (2): 168 – 184, 200.

【参考文献】

张霞, 毛基业. 国内企业管理案例研究的进展回顾与改进步骤——中国企业管理案例与理论构建研究论坛（2011）综述 [J]. 管理世界, 2012 (2): 105 – 111.

◆ 选择性编码（Selective Coding）

选择性编码是 Strauss 斯特劳斯扎根理论中编码的第三步, 即在主轴式编码后, 若干条"轴线"已经呈现出来, 随之而来的问题是这些"轴线"对最终构建的新理论是否都有意义? 这些"轴线"之间通过怎样的逻辑关系构成了最终的理论? 回答这些问题, 需要与研究问题和现有理论进行比较, 通过不断的比较, 保留核心"轴线"并用某种逻辑关系将其相结合, 最终形成的新理论模型。

在案例论文的数据分析和结果展示部分, 较多作者只是单纯地叙述在研究情境中发生了什么, 但这一部分内容更重要的是展现通过案例研究所构建的新理论模型。因此, 规范的做法是利用构建中的理论核心概念来展示数据。

【关联条目】

开放式编码、主轴式编码

【推荐阅读】

但斌, 郑开维, 吴胜男, 邵兵家. "互联网 +"生鲜农产品供应链 C2B 商业模式的实现路径——基于拼好货的案例研究 [J]. 经济与管理研究, 2018, 39 (2): 65 – 78.

李纪珍, 周江华, 谷海洁. 女性创业者合法性的构建与重塑过程研究 [J]. 管理世界, 2019, 35 (6): 142 – 160, 195.

【参考文献】

张霞, 毛基业. 国内企业管理案例研究的进展回顾与改进步骤——中国企业管理案例与理论构建研究论坛（2011）综述 [J]. 管理世界, 2012 (2): 105 – 111.

◆ 初始编码 （Initial Coding）

初始编码是 Charmaz（卡麦兹）扎根理论中编码的第一步，要求研究者对待任何可能从数据中识别的理论保持开放的态度，研究者通过初始编码会进一步对核心概念类属进行定义。通过比较不同的数据，研究者可以观察到研究对象认为有问题的内容，从而开始进行分析。

初始编码应紧贴数据，需尽可能用反映行动的词语来进行编码。最大范围地将数据编码为行动，以防止在进行数据分析前，研究者发生概念跳跃，并接受既有理论。

初始编码是临时的，需形成最适合进行研究的代码，以及为其他分析留下可能的空间。同时，需要不断发展这些代码，使其与数据相契合。而后，需要继续收集数据，去探索和填充代码。

初始编码的优点体现在：第一，通过认真地进行逐词编码、逐行编码、逐个事件编码会使数据分析的契合度和相关度提高；第二，编码会迫使研究者以新的与被研究者不同的思维方式来看待问题，研究者通过自己的分析视角和已有的学科背景来进行数据分析，会产生新的思考问题的方式。

【关联条目】

聚焦编码、理论编码

【推荐阅读】

贾良定，尤树洋，刘德鹏，郑祎，李珏兴. 构建中国管理学理论自信之路——从个体、团队到学术社区的跨层次对话过程理论［J］. 管理世界，2015（1）：99 - 117.

赵辉，田志龙. 伙伴关系、结构嵌入与绩效：对公益性 CSR 项目实施的多案例研究［J］. 管理世界，2014（6）：142 - 156.

【参考文献】

凯西·卡麦兹（边国英）. 建构扎根理论：质性研究实践指南［M］. 重庆：重庆大学出版社，2016：61 - 64.

◆ 聚焦编码（**Focused Coding**）

聚焦编码是 Charmaz（卡麦兹）扎根理论中编码的第二步，较初始编码更有选择性和概念性，进行聚焦编码前需先找出最重要、出现最频繁的初始代码，综合大量的数据来筛选这些初始代码，判断哪些初始编码最能有效地、充分地分析数据，通过数据间的比较形成聚焦代码，再将所得的代码与数据进行逐一的比较，从而不断完善代码。

【关联条目】

初始编码、理论编码

【推荐阅读】

田秋丽，谭凌波，谢晋宇 . HR 部门领导者跨部门平行影响风格及行为研究［J］. 管理世界，2015（2）：153 – 169.

曹元坤，张倩，祝振兵，张龙 . 基于扎根理论的团队追随研究：内涵、结构与形成机制［J］. 管理评论，2019，31（11）：147 – 160.

【参考文献】

凯西·卡麦兹（边国英）. 建构扎根理论：质性研究实践指南［M］. 重庆：重庆大学出版社，2016：73 – 76.

◆ 理论编码（**Theoretical Code**）

理论编码是在聚焦编码过程中选择代码后进行的复杂水平上的编码，即理论编码是将聚焦编码形成的类属之间可能的关系更加具体化。理论编码是整合性的，给所收集的聚焦代码赋予了形式（卡麦兹，2016）。Glaser（1978）认为，理论编码是将分散的案例故事重新聚拢在一起。

Glaser（1978）提出了理论代码的家族系列，包括 6C（原因、语境、偶然性、协变量、结果和条件）、过程、程度、策略、类型、互动、认同、文化和共识。理论代码的编码家族选择，需要根据研究者所拥有的数据情况及其了解程度，通常会选择多个编码家族。

理论代码可以使研究更加犀利，若所选的理论代码适合案例数据和实质性分析，可以增加案例的精确度和清晰度，使研究者的分析更为连贯，且易于分析。

【关联条目】

初始编码、聚焦编码

【推荐阅读】

田秋丽，谭凌波，谢晋宇. HR 部门领导者跨部门平行影响风格及行为研究［J］. 管理世界，2015（2）：153 – 169.

苏勇，李倩倩，谭凌波. 中国传统文化对当代管理实践的影响研究［J］. 管理学报，2020，17（12）：1751 – 1759.

【参考文献】

［1］凯西·卡麦兹（边国英）. 建构扎根理论：质性研究实践指南［M］. 重庆：重庆大学出版社，2016：80 – 85.

［2］Glaser B G, Theoretical Sensitivity［M］. CA：The Sociology Press，1978：72.

七

数据验证指标及方法

◆ 信度（**Reliability**）

在案例研究中，信度指案例研究结果的一致性、稳定性和可靠性。

信度越高表示研究结果越一致、稳定且可靠，信度主要用于检验案例研究程序是否具有可复制性，即案例研究结果和结论的再现性（Reproducibility），且与随机误差（Random Error）逆相关（苏敬勤和崔淼，2011）。正如 Yin（2014）提出的，信度是案例研究中研究草案的一致性和可重复性。

在案例研究中，信度理想化的测量方式是使用相同的数据、遵循原有的数据分析方法对案例进行再一次的分析，通过比较两次分析的结果，判定案例研究的信度，两种结果相差越接近，研究的信度越高。但需要注意的是，信度测量的侧重点在于做同样的研究，而非在另一案例研究中"复制"某一研究的成果（苏敬勤和崔淼，2011）。

研究者提高信度的方法包括：第一，尽可能详细地记录研究的每一个步骤，任何相关资料都要能经得起审核，如建立案例研究数据库并提供案例企业的真实信息等，从而增强案例研究的透明度（苏敬勤和刘静，2013）。第二，列举其他学者可能提出的质疑，从多个侧面分析和展示数据，使读者能够充分理解案例数据和研究者的分析逻辑，并最终通过契合度的比较对研究假设进行证实或证伪。另外，三角验证（Triangulation）、评估者间信度（interrater reliability）以及审计跟踪（audit trail）技术也可有效保障并提高案例研究结论的信度（Yin，2014）。

已有研究开发出了多种对评估者间信度进行测量的具体指标，如 Cohen 卡帕统计量（Kappa Statistics）、Fleiss 卡帕统计量、Pearson 相关系数、Spearman 相关系数以及组内相关（Intraclass Correlations）等。

在案例研究方法论中，案例研究的信度主要包括一致性（Consistency）和稳定性

（Stability）。信度相关构念关系如图 3 - 7 - 1 所示。

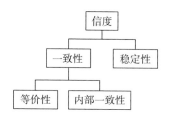

图 3 - 7 - 1　信度相关构念关系

【关联条目】

一致性、等价性、内部一致性、稳定性

【推荐阅读】

井润田，孙璇. 实证主义 vs. 诠释主义：两种经典案例研究范式的比较与启示［J］. 管理世界，2021，37（3）：13，198 - 216.

单宇，许晖，周连喜，周琪. 数智赋能：危机情境下组织韧性如何形成？——基于林清轩转危为机的探索性案例研究［J］. 管理世界，2021，37（3）：7，84 - 104.

【参考文献】

［1］Yin, R. K., Case study Research：Design and Methods（5rd edition）［M］. Los Angeles：Sage Publications，2014：60 - 61.

［2］苏敬勤，崔淼. 工商管理案例研究方法［M］. 北京：科学出版社，2011：17 + 48.

［3］苏敬勤，刘静. 案例研究数据科学性的评价体系——基于不同数据源案例研究样本论文的实证分析［J］. 科学学研究，2013，31（10）：1522 - 1531.

◆一 致 性（Consistency）

　　在案例研究中，一致性指使用不同的案例研究方法和测量工具，可以得到不存在矛盾的案例研究结论的可能性。

一致性通常与研究方法（包括数据收集和分析方法）和测量工具的变化性有关。在案例研究中，一致性通常可以用等价性（Equivalency）和内部一致性（Internal Consistency）两个维度进行测量。

【关联条目】

信度、等价性、内部一致性

【推荐阅读】

李亮，刘洋，冯永春. 管理案例研究：方法与运用［M］. 北京：北京大学出版社，2020.

【参考文献】

苏敬勤，崔淼. 工商管理案例研究方法［M］. 北京：科学出版社，2011：77.

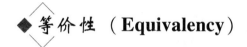

◆ 等价性（Equivalency）

在案例研究中，等价性指在同一时间点上（段中）观察结果的一致性。

案例研究的结果极易受到观察误差的影响。通常案例调研人员是案例研究的数据收集和分析的重要"工具"之一，由于个体的能力和认知存在盲区，故此调研者的观察总是会存在误差。尤其是当案例的数据收集和分析仅由一名研究者进行时，误差的可能性就会更大。

【关联条目】

一致性

【推荐阅读】

肖静华，谢康，吴瑶，廖雪华. 从面向合作伙伴到面向消费者的供应链转型——电商企业供应链双案例研究［J］. 管理世界，2015（4）：137–154，188.

肖静华，谢康，吴瑶，冉佳森. 企业与消费者协同演化动态能力构建：B2C电商梦芭莎案例研究［J］. 管理世界，2014（8）：134–151，179.

【参考文献】

苏敬勤，崔淼. 工商管理案例研究方法［M］. 北京：科学出版社，2011：77.

◆内部一致性（Internal Consistency）

内部一致性指测量同一构念的数据点的一致性。

内部一致性概念的产生与数据本身存在的偏差和误差息息相关，可以通过数据三角验证来保障和提高研究的信度。

通过数据三角验证保障的主要做法包括：第一，使用多种数据来源，如对多名利益相关者进行访谈；第二，使用多种类型的数据，如报纸等公开文件以及内部档案、记录和邮件等内部文件，以便从多角度对数据进行验证。

【关联条目】

一致性

【推荐阅读】

魏江，杨洋. 跨越身份的鸿沟：组织身份不对称与整合战略选择 ［J］. 管理世界，2018，34（6）：140-156，188.

【参考文献】

苏敬勤，崔淼. 工商管理案例研究方法 ［M］. 北京：科学出版社，2011：76-77.

◆稳定性（Stability）

在案例研究中，稳定性指使用相同的方法、指标和程序等对案例中的不同时间点进行研究能得到相同结果的可能性。

为了能够实现基于案例的重复式再研究，研究者需在初始案例研究中尽可能详细地记录案例研究的完整过程，即审计跟踪，记录的内容包括如何进行数据收集、为什么收集这些数据、如何进行数据分析以及与数据、结果或与研究结论相关的其他事项。

同时，从社会构建（Social Constructive）或解释（Interpretive）的视角来看，案

例研究指在某一时间点（段）对具丰富情境性的特定现象、事件或问题的研究，因此，不可能从不同的时间点对同一案例进行研究，即案例研究不可重复，使用稳定性指标评价案例研究并不现实而且缺乏价值。

【关联条目】

信度、等价性、内部一致性

【参考文献】

苏敬勤，崔淼. 工商管理案例研究方法［M］. 北京：科学出版社，2011：77.

◆三角验证（Triangulation）

三角验证指研究者使用多种指标、方法或从多个层次对所研究的现象、事件或问题进行相互验证，揭示事物的真实面目。

通过使用多重证据来源和多重研究方法，不仅可以减少偏见的影响，进一步提高研究的收敛效度（Convergent Validity），还有利于挖掘数据和理论的不同方面，形成互动和补充。

Denzin（1989）提出了四种类型的三角验证方法，分别是数据三角验证（Data Triangulation）、调查者三角验证（Investigator Triangulation）、研究方法三角验证（Methodological Triangulation）以及理论三角验证（Theory Triangulation），这四类三角验证方法是当前在三角验证方法论上最具代表性的研究成果，具体如图 3 - 7 - 2 所示。

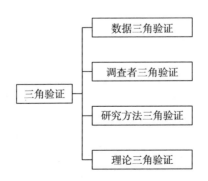

图 3 - 7 - 2　三角验证的构成

但是，三角验证也存在一定的争议。首先，由于研究者对研究问题缺乏统一认识，各种研究方法敏感度不一，导致三角验证实施中复制研究成果有困难。其次，采用三角验证容易出现研究现象展示不充分、数据贫瘠化（Impoverished）的现象。

【关联条目】

信度、数据三角验证、调查者三角验证、研究方法三角验证、理论三角验证

【推荐阅读】

吕一博，韩少杰，苏敬勤．翻越由技术引进到自主创新的樊篱——基于中车集团大机车的案例研究［J］．中国工业经济，2017（8）：174－192.

吴晓波，张馨月，沈华杰．商业模式创新视角下我国半导体产业"突围"之路［J］．管理世界，2021，37（3）：9，123－136.

【参考文献】

［1］苏敬勤，崔淼．工商管理案例研究方法［M］．北京：科学出版社，2011.

［2］Denzin N K. The research act：A theoretical introduction to sociological methods 3rd ed.［M］．Piscataway Township：Transaction Publishers，1989.

◆数据三角验证（Data Triangulation）

数据三角验证指研究者使用不同的数据来源进行对照，以实现三角验证。

数据三角验证可分为基于时间的数据三角验证、基于空间的数据三角验证、基于个人的数据三角验证三个子类。其中，基于时间的数据三角验证指研究者在不同的时间点或时间段对数据进行采集，以实现数据的三角验证；基于空间的数据三角验证指研究者在不同的地理空间对数据进行采集，以实现数据的三角验证；基于个人的数据三角验证是针对同一研究问题，通过不同受访者来源进行数据收集，以实现数据的三角验证。

三个子类的数据三角验证并非孤立存在，三者之间存在交叉和嵌入关系。

【关联条目】

三角验证、调查者三角验证、研究方法三角验证、理论三角验证

【推荐阅读】

吴晓波，张馨月，沈华杰．商业模式创新视角下我国半导体产业"突围"之路［J］．管理世界，2021，37（3）：9，123－136.

周小豪，朱晓林．做可信任的质性研究——中国企业管理案例与质性研究论坛（2020）综述［J］．管理世界，2021，37（3）：14，217-225.

【参考文献】

［1］苏敬勤，崔淼．工商管理案例研究方法［M］．北京：科学出版社，2011.

［2］Denzin N K. The research act：A theoretical introduction to sociological methods 3rd ed.［M］．Piscataway Township：Transaction Publishers，1989.

◆调查者三角验证（Investigator Triangulation）

调查者三角验证是就同一现象、事件或问题，通过不同的研究者进行数据收集，并对其收集的数据进行比较分析，从而实现三角验证，以了解数据的效度和信度。

Strauss 等（1964）提出了调查者三角验证可能出现的三种情况。第一，当不同的研究者在没有交流互通的情况下，对同一现象、事件或者问题进行数据采集，得出了一致的数据结论，说明研究者进行了较为客观的数据收集，数据可直接使用。第二，研究者在参考借鉴其他研究者的研究内容或者与其他研究者进行交流后采用相同的研究方法对同一现象、事件、问题进行数据收集，得出一致的数据，说明数据收集方法具有可复制性，数据有一定信度。第三，当不同研究者采用同一方法就同一现象、事件或问题进行数据收集但是不能得到相同的数据，说明数据无效。

【关联条目】

三角验证、数据三角验证、研究方法三角验证、理论三角验证

【推荐阅读】

谢康，吴瑶，肖静华，廖雪华．组织变革中的战略风险控制——基于企业互联网转型的多案例研究［J］．管理世界，2016（2）：133-148，188.

【参考文献】

［1］苏敬勤，崔淼．工商管理案例研究方法［M］．北京：科学出版社，2011.

［2］Denzin N K. The research act：A theoretical introduction to sociological methods 3rd ed.［M］．Piscataway Township：Transaction Publishers，1989.

［3］Strauss A L. Psychiatric ideologies and institutions［M］．New York：Free Press，1964.

◆ 研究方法三角验证 （Methodological Triangulation）

研究方法三角验证是通过不同的研究方法进行数据收集，从而实现三角验证。

研究方法三角验证分为基于一种研究方法的研究方法三角验证（Within - method Triangulation），及基于两种或多种研究方法的研究方法三角验证（Between - method or Across Method Triangulation）两类。

基于一种研究方法的研究方法三角验证在于测量工具的变化，通过使用不同的测量工具对同一现象、事件或问题进行测量，验证数据的可信度。基于两种或多种研究方法的三角验证即通过变化研究方法，对数据的可信度进行验证。采用多种研究方法对数据进行验证还有利于从多角度对事件、现象或问题进行分析，以弥补不同的研究方法存在的缺陷。

【关联条目】

三角验证、数据三角验证、调查者三角验证、理论三角验证

【参考文献】

［1］苏敬勤，崔淼. 工商管理案例研究方法 ［M］. 北京：科学出版社，2011.

［2］Denzin N K. The research act：A theoretical introduction to sociological methods 3rd ed. ［M］. Piscataway Township：Transaction Publishers，1989.

◆ 理论三角验证 （Theory Triangulation）

理论三角验证是基于不同的理论框架进行数据收集，从而实现三角验证。

理论三角验证包含六个步骤：一是收集和整理与案例本身可能相关的所有理论；二是进行数据收集；三是将步骤一中的理论与步骤二中收集的数据进行联系并分析；四是排除无关理论；五是把能够对案例描述的现象、事件或问题进行解释的所有理论进行整理；六是建立综合理论解释框架。

理论三角验证将数据和理论相结合，不同研究专长的学者从不同的理论视角进行分析，有利于不同研究领域研究成果的交流，也有助于理论的综合发展，还有利

于研究者从多角度、多层次对事件、现象或问题进行分析。虽然理论三角验证有其独特的优势，但在当前工商管理领域的实际研究中却很少使用。

【关联条目】

三角验证、数据三角验证、调查者三角验证、研究方法三角验证

【推荐阅读】

肖静华，谢康，吴瑶，廖雪华. 从面向合作伙伴到面向消费者的供应链转型——电商企业供应链双案例研究［J］. 管理世界，2015（4）：137 – 154，188.

【参考文献】

［1］苏敬勤，崔淼. 工商管理案例研究方法［M］. 北京：科学出版社，2011.

［2］Denzin N K. The research act：A theoretical introduction to sociological methods 3rd ed.［M］. Piscataway Township：Transaction Publishers，1989.

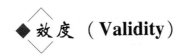

◆ 效度（Validity）

效度是指通过测量所得到的结果以反映想要证明内容的程度，测量结果与要证明的内容契合度越高，则效度越高（杨学儒等，2020）。

信度是研究质量的评价指标，信度是效度的必要而不充分条件，即高效度的研究一定是高信度的；反之则不成立（苏敬勤和崔淼，2011）。

效度有内外部之分。内部效度包括解释效度、理论效度、归纳的广度、归纳的深度四个维度；外部效度包括理论饱和度、适用性与启发性三个维度（吕力，2014），如表3 – 7 – 1所示。

表3 – 7 – 1　内部效度和外部效度的对比

类型	内涵	维度	含义
内部效度	指判断变量间因果关系的可信度，即证明某一特定的条件将引起另一特定结果	解释效度	研究对象的真实意图和研究者解释之间的一致性
		理论效度	研究者在多大程度上能够排除竞争性解释
		归纳的广度	在案例研究归纳过程中尽可能增加考虑的条件因素以及选择那些差异化最大的因素
		归纳的深度	在案例研究归纳过程中尽量寻求现象背后的深层次原因，这样得到的结论将更深刻

续表

类型	内涵	维度	含义
外部效度	指从特定案例研究中得到的结果的普遍性	理论饱和度	归纳逻辑是从具体的个案上升为概括性结论的过程，结论的"概括性"程度有多高，可以使用理论饱和度来描述。从这个意义上说，理论饱和度大致相当于理论概括性、抽象性程度
		适用性	本研究的结论在多大程度上能够概推到不同的人群以及不同的情境下
		启发性	本研究结论能在多大程度上修正或突破原有的理论框架，给管理研究者以启发；或者研究结论能在多大程度上促使管理实践者对现有的管理思路、理念进行反思

【关联条目】

样本饱和度、构建效度、内部效度、外部效度、经验效度

【推荐阅读】

范轶琳，吴东，黎日荣. 包容性创新模式演化——基于淘宝村的纵向案例研究[J]. 南开管理评论，2021，24（2）：195–205.

周小豪，朱晓林. 做可信任的质性研究——中国企业管理案例与质性研究论坛（2020）综述[J]. 管理世界，2021，37（3）：14，217–225.

【参考文献】

[1] 苏敬勤，崔淼. 工商管理案例研究方法[M]. 北京：科学出版社，2011：77–78.

[2] 杨学儒，董保宝，叶文平. 管理学研究方法与论文写作[M]. 北京：机械工业出版社，2020：173–174.

[3] 吕力. 管理案例研究的信效度分析：以 AMJ 年度最佳论文为例[J]. 科学学与科学技术管理，2014，35（12）：19–29.

◆ 内部效度（Internal Validity）

内部效度也称内在效度，是判断变量间因果关系的可信度，即证明某一特定的

条件将引起另一特定结果（Yin，2014）。

增强内部效度有三个措施：一是研究设计阶段，研究者应明确研究框架，以说明变量 x 导致 y，而 y 不受第 3 个变量 z 的影响；二是数据分析阶段，研究者应通过模型匹配，对实际观察到的模型、预先感知的模型或在已有研究中和不同情境下建立的模型进行对比；三是数据分析阶段，利用理论三角验证来验证，促使研究者从多个角度检验研究发现（苏敬勤和刘静，2013）。

内部效度越高，两变量间关系的不确定性越小。但是，内部效度即使高，也不能证明一项关系假设被证实，只能说明此项研究免予证伪（李怀祖，2004）。研究结论被证实的关键在于研究者是否为结论提供了有力且令人信服的因果论证和逻辑推理（李平，2019）。需要注意的是，内容效度的检验仅适用于解释性或因果性的案例研究，不适用于描述性和探索性案例研究（Yin，2014）。

提升案例研究内部效度的策略包括（吕力，2014）：第一，研究者可以将研究的阶段性结论反馈给研究对象，以便确认研究者是否真正把握了研究对象的真实意图，或者是否将某种主观结论强加于研究对象。第二，提供和排除多种可能的竞争性解释，从而强化了自身结论中因果关系的可靠性。第三，使用建构性解释技术。具体包括：一是对政策或社会行为提出原创性的理论观点或命题；二是将原始案例的研究结果与上述观点或命题进行比较；三是修正该观点或命题；四是将案例的其他细节与修改后的内容相比较；五是根据需要将上述过程重复数次。第四，重视研究过程中收集到矛盾的数据，积极主动地对有差异和相互矛盾的现象进行辨识，并对此进行深入探讨。第五，进行充分的理论回顾，从现有理论中抽取那些深层次的因素，在归纳过程中辅以缜密的演绎推理，从而加深归纳推理的深度。第六，在案例研究中尽可能增加考虑的条件因素以及选择那些差异化最大的因素，从而增加归纳推理的广度。第七，构筑整个研究过程的"证据链"。也就是说，所获得的数据应从访谈过程中得到，其过程应展现明确且令人信服的逻辑推理过程，案例研究调查报告的阅读者应能据此重建和预测接下来的事件发展脉络。逻辑越清晰，其内部效度越强。第八，采用理论抽样，根据归纳过程的进展，用后续的样本引证或完善之前的阶段性结论，逐步建构一个完善的理论解释模型。第九，使用时间序列设计。研究人员可以通过数据来验证预测的时间顺序，然后推断内部效度。

【关联条目】

效度、样本饱和度、构建效度、外部效度、经验效度

【推荐阅读】

肖静华，谢康，吴瑶，廖雪华. 从面向合作伙伴到面向消费者的供应链转型——电商企业供应链双案例研究［J］. 管理世界，2015（4）：137 - 154，188.

魏江，杨洋. 跨越身份的鸿沟：组织身份不对称与整合战略选择［J］. 管理世

界，2018，34（6）：140 – 156，188.

【参考文献】

［1］李怀祖. 管理研究方法论［M］. 西安：西安交通大学出版社，2004：142.

［2］李平，杨政银，曹仰锋. 再论案例研究方法：理论与范例［M］. 北京：北京大学出版社，2019：142.

［3］Yin R K. Case study Research：Design and Methods（5rd edition）［M］. Los Angeles：Sage Publications，2014：57.

［4］苏敬勤，刘静. 案例研究数据科学性的评价体系——基于不同数据源案例研究样本论文的实证分析［J］. 科学学研究，2013，31（10）：1522 – 1531.

［5］吕力. 管理案例研究的信效度分析：以 AMJ 年度最佳论文为例［J］. 科学学与科学技术管理，2014，35（12）：19 – 29.

◆外部效度（External Validity）

外部效度指案例研究成果能归纳为理论，并能推广到其他案例研究中（Yin，2014）。

对于多案例研究，可通过 4～10 个案例的多案例研究将研究结果概推到更广的范围（Eisenhardt，1989）。案例设计阶段是增强案例研究外部效度的关键阶段，增强外部效度有两个措施：一是资料收集阶段，采用案例研究草案；二是资料收集阶段，建立案例研究资料库（Yin，2014）。

Yin（2017）认为提升外部效度的测量可包括：一是用理论指导单案例研究；二是通过重复、复制的方法进行多案例研究。

类似地，吕力（2014）根据对 AMJ 年度最佳论文的分析，提出了提升案例研究外部效度的四个策略，具体如下：第一，增强研究结论的抽象性程度，以便该结论也能应用于其他场景。第二，使用分析性概推。传统实证研究中为检验外部效度，主要使用统计性概推的方法，即基于大容量随机性样本。在案例研究中尽管也存在多案例研究，但无论如何也达不到统计中的大容量标准，因此只能采用分析性概推的手段。分析性概推的主要操作要点是将一个研究背景的主要和显著特点与另一研究背景进行比较，并判断它们之间是否足够相似，相似性的证据越强，分析概推性就越强。这一手段类似 Yin 所提出的逐项复制策略。第三，在可能的情况下考虑研究的普适性。为探讨案例研究的普适性，研究者需要审查本案例研究的情境特殊性，以及是否可能进一步外推到其他不同的情境之下。这一手段类似 Yin 所提出的差异复制策略。第四，在可能的情况下使用多案例研究，提升案例研究的外部效度。

【关联条目】

效度、样本饱和度、构建效度、内部效度、经验效度

【推荐阅读】

肖静华，谢康，吴瑶，廖雪华．从面向合作伙伴到面向消费者的供应链转型——电商企业供应链双案例研究［J］．管理世界，2015（4）：137－154，188.

李连华，杨忠智，唐国平．企业内部控制效率提升路径研究——基于传化股份公司的经验与借鉴［J］．会计研究，2014（7）：82－88，97.

【参考文献】

［1］Yin，R. K.，Case study Research：Design and Methods（5rd edition）［M］．Los Angeles：Sage Publications，2014：57.

［2］Eisenhardt K M. Building theories from case study research［J］．Academy of Management Review，1989，14（4）：532－550.

［3］吕力．管理案例研究的信效度分析：以 AMJ 年度最佳论文为例［J］．科学学与科学技术管理，2014，35（12）：19－29.

◆ 构建效度（Construct Validity）

构建效度又称建构效度或构念效度，指研究者在数据收集阶段，是否为所要研究的概念或变量建立了客观、正确、可操作的测量标准。即案例研究措施及获取、整理的数据是否能够客观、全面、准确地测量研究所涉及的相关构念（苏敬勤，2011）。

类似地，林作新（2017）认为构建效度也指测量结果能说明理论的某种结构的程度。Cronbach（1990）认为结构效度的考量需包含三个内容，一是能解释测验结果差异的结构；二是从结构理论中得出研究假设；三是实证地验证研究假设。

增强构建效度有三个措施（Yin，2014）：一是在数据收集阶段，通过不同来源的资料相互交叉印证，建立多来源资料的数据三角形；二是在数据收集阶段，能够有效建立研究问题与研究结论的证据链，详细阐述数据收集的过程（苏敬勤和刘静，2013）；三是在撰写报告阶段，要求证据提供者检查案例研究报告草案，确认证据的真实性、准确性。

【关联条目】

效度、内部效度、外部效度、内部效度、经验效度

【推荐阅读】

贾建锋，周舜怡，张大鹏．高科技企业创业过程中人力资源管理系统的演化升级——基于东软集团股份有限公司的案例研究［J］．南开管理评论，2018，21（5）：162－175．

周冬梅，赵闻文，何东花，鲁若愚．众筹平台上内部社会资本对新创企业资源获取的影响研究［J］．管理评论，2018，30（4）：33－44．

【参考文献】

［1］Yin R K．Case study Research：Design and Methods（5rd edition）［M］．Los Angeles：Sage Publications，2014：270．

［2］苏敬勤，崔淼．工商管理案例研究方法［M］．北京：科学出版社，2011：17．

［3］苏敬勤，刘静．案例研究数据科学性的评价体系——基于不同数据源案例研究样本论文的实证分析［J］．科学学研究，2013，31（10）：1522－1531．

［4］林作新．研究方法（第二版）［M］．北京：清华大学出版社，2017：97－99．

［5］Crobach L J．Meehl P E．Construct validity in psychological tests［J］．Psychological Bulletin，1955，52（4）：281－302．

◆内容效度（Content Validity）

内容效度指测量工具（常指量表的条目及研究问题）与所要实际测量的内容之间的契合度。

内容效度一般分为表面效度（Face Validity）和抽样效度（Sampling Validity）。表面效度是完全依赖研究者通过主观判断测量工具的合适程度。而抽样效度是测量工具从一个包含多个项目的总体中抽取多个项目的代表性样本，抽取的样本越能代表各项目，抽样效度就越高（林作新，2017）。

评价内容效度要考虑三个方面：一是量表设置的条目是否确实是需要测量的内容；二是量表设置的条目是否涵盖了所有需要测量的内容；三是量表设置的条目的

构成比例是否恰当。若量表的条目确保涵盖了所需测量的各方面的内容且有一定的比例，则认为有好的内容效度（蒋小花等，2010）。

内容效度是测量工具质量的重要体现，量表作为重要的测量工具之一，某些杂志已要求有关量表编制的论文必须含有内容效度评价的信息（史静铮等，2012）。

【关联条目】

效度、样本饱和度、构建效度、内部效度、外部效度、经验效度

【推荐阅读】

邢博. 技术先进型服务企业客户关系质量影响因素研究——探索性多案例的实证研究［J］. 科学学与科学技术管理，2013，34（2）：53－62.

【参考文献】

［1］蒋小花，沈卓之，张楠楠，廖洪秀，徐海燕. 问卷的信度和效度分析［J］. 现代预防医学，2010，37（3）：429－431.

［2］林作新. 研究方法（第二版）［M］. 北京：清华大学出版社，2017：94－96.

［3］史静铮，莫显昆，孙振球. 量表编制中内容效度指数的应用［J］. 中南大学学报（医学版），2012，37（2）：49－52.

◆ 经验效度（Empirical Validity）

经验效度通过将一次测试与一个或多个标准尺度进行对比，是一种衡量测试有效性的度量。

经验效度一般分为共时效度（Concurrent Validity）和预测效度（Predictive Validity）。共时效度是将测试的结果与另一时间接近的有效测试的结果进行比较得到的系数。预测效度是将一次测试的结果与之后的有效测试的结果进行比较得到的系数（林作新，2017）。

评估经验效度也可以采用一套可靠的测量工具，与研究中所使用的测量工具的结果进行比较或相关分析，如果二者之间有密切的关系则认为该测量工具具有较好的经验效度（曹阳，2004）。

【关联条目】

效度、样本饱和度、构建效度、内部效度

【推荐阅读】

陈闯，叶瑛．创业投资家—创业企业家之间信任影响因素不对称性的跨案例研究［J］．中国工业经济，2010（1）：147 – 157.

吴炯．家族涉入、家族理性与家族企业目标偏好——基于一项比较案例的探索［J］．商业经济与管理，2012（5）：23 – 30.

【参考文献】

［1］林作新．研究方法（第二版）［M］．北京：清华大学出版社，2017.

［2］曹阳．世界健康调查项目中国预调查的测量方法及质量评估［D］．复旦大学，2004.

◆ 样本饱和度（Sample Saturation）

样本饱和度指案例研究的数据收集达到饱和时的样本大小。

样本饱和度是检验案例研究效度的关键标准，也是影响理论抽样样本大小的重要因素（王建云，2013）。若案例样本的饱和度过低，可能造成研究结论超出案例边界或未能全面反映理论的结果（苏敬勤和崔淼，2011）。

案例研究样本量的大小取决于研究问题的聚焦度、总体的异质性以及选择的研究方法（刘金龙等，2016），具体如下：

第一，研究的问题聚焦度、针对性与所需样本量成反比。若研究问题非常发散，那么样本数量要求很大，在现实研究中难以达到样本饱和。

第二，总体的异质性与需要的样本量成正比。若案例研究问题是专业领域的细分问题，则可能需要的样本量非常小，容易达成样本饱和。

第三，数据收集方法影响样本饱和所需的样本数量。该影响取决于研究问题的理论框架，即理论、数据和变量之间的关系。

【关联条目】

效度、构建效度、内部效度、外部效度、内容效度、结构效度、经验效度、校标关联效度

【推荐阅读】

宋华，陈思洁．高新技术产业如何打造健康的创新生态系统：基于核心能力的观点［J］．管理评论，2021，33（6）：76-84.

宋华，陈思洁，于亢亢．商业生态系统助力中小企业资金柔性提升：生态规范机制的调节作用［J］．南开管理评论，2018，21（3）：11-22，34.

【参考文献】

［1］刘金龙，刘博雅，张明慧．基层视角下"森林"话语内涵与案例研究中样本饱和度［J］．贵州社会科学，2016（4）：151-157.

［2］王建云．案例研究方法的研究评述［J］．社会科学管理与评论，2013（3）：77-82.

［3］苏敬勤，崔淼．探索性与验证性案例研究访谈问题设计：理论与案例［J］．管理学报，2011（10）：1428-1437.

◆ 二手数据审查标准

（Review Criterias for Secondary Data）

二手数据的审查标准是指研究者为确保研究结论的信度与效度，审查二手数据的质量时使用的审查标准。具体包括以下三个方面：第一，可得性（Accessibility），即二手数据是否有可能被获得。Hinds 等（1997）就二手数据的可得性提出了五个评价标准，一是何时、何地、如何获得二手数据？二是所需的二手数据都是可得的吗？三是数据提供者是否授权将他们所提供的数据及资料作为二手数据供研究使用吗？四是使用二手数据有何限制？五是初始研究者能否提供有关的咨询及建议？

第二，真实性（Authenticity），即二手数据的真实性和可靠性，能否为研究所使用，且不会影响研究的信度与效度。当研究所使用的数据来自研究者个人（或团队）之前开展的研究时，则研究者应最了解该数据的真实性，但在新的研究中也应说明该数据的真实性。当二手数据来自其他研究者的研究时，则较难判断数据真实性，此时常用的判断方法是数据的三角验证，只有通过三角验证的二手数据才可为新研究使用。

第三，充足性（Adequacy），即二手数据能否为新研究提供足够的数据支持。若新研究的目的是对已有研究进行证实或证伪，或是对同一研究主题的已有研究进行对比研究，此时原有的数据即可满足开展新研究的要求。若新研究是对已有研究问题的延伸、进一步的探索或新主题的研究，此时研究者需全面地评估二手数据的充足性，如果所获得的二手数据不足以支持新研究的开展，研究者便需要重新收集数据（苏敬勤和崔淼，2011）。

【关联条目】

信度、效度

【推荐阅读】

苏敬勤，刘静. 案例研究规范性视角下二手数据可靠性研究［J］. 管理学报，2013，10（10）：1405 – 1409，1418.

吴晓波，沈华杰，吴东. 不确定性、互补性资产与商业模式设计：新型冠状病毒肺炎疫情期间的多案例研究［J］. 科研管理，2020，41（7）：189 – 200.

【参考文献】

［1］苏敬勤，崔淼. 工商管理案例研究方法［M］. 北京：科学出版社，2011：99 – 100.

［2］Hinds P S，Vogel R J，Clarke – Steffen L. The Possibilities and Pitfalls of Doing a Secondary Analysis of a Qualitative Data Set［J］. Qualitative Health Reserch，1997（7）：408 – 424.

◆ 数据收集评价（Data Collection Evaluation）

数据收集评价指按照规范性和科学性的要求来进行数据收集，以提高二手数据的科学性。研究者的数据收集策略对案例研究的科学性起关键作用。

数据收集评价有六个评价要素：第一，数据选择原因，即是否准确描述案例研究背景及选择标准。不管是使用一手数据还是二手数据，研究者都需说明案例研究背景及所选数据源的原因，选择标准的合理性可提高案例研究结论的稳健性和适用性。

第二，数据三角来源，即是否采用多渠道数据来源。收集不同渠道的不同类型的数据，可用来多角度论证研究结论。

第三，说明数据来源，即是否单独列举数据来源。案例研究可推广性是影响其质量的重要因素，这要求研究者详细说明数据来源，以便其他研究者往后可进行复制研究。

第四，数据补充清理，即是否清理和补充所收集的数据。并非研究者收集的所有数据都可用于所在进行的案例研究主题，因此研究者在使用数据前应对数据进行清理和补充，以保证数据的精准性；尤其是对于并不是为具体研究主题而收集的二手数据，更需要进行筛选和清理，以保证所使用的数据是合适且可靠的。

第五，数据偏差说明，即是否说明降低数据偏差的措施。一手数据和二手数据都有其各自的优缺点，也都有数据偏差的问题，如内容偏差和时间偏差等。因此，研究者在数据收集过程，需谨慎、客观地说明如何提高数据的可靠性，即降低数据偏差的措施。

第六，建立案例研究数据库，即是否建立案例研究数据库。案例研究数据库应包括访谈记录、研究者相关信息、收集的文档资料、调查材料、编码数据、备忘录以及其他材料。案例研究数据库既要保证研究者所使用数据的规范性和准确性，又要提高案例研究的可推广性。

【关联条目】

数据分析评价

【推荐阅读】

张敬伟，王迎军. 新企业商业模式构建过程解析——基于多案例深度访谈的探索性研究［J］. 管理评论，2014，26（7）：92－103.

钱雨，张大鹏，孙新波，张明超，董凌云. 基于价值共创理论的智能制造型企业商业模式演化机制案例研究［J］. 科学学与科学技术管理，2018，39（12）：123－141.

【参考文献】

苏敬勤，刘静. 案例研究数据科学性的评价体系——基于不同数据源案例研究样本论文的实证分析［J］. 科学学研究，2013，31（10）：1522－1531.

◆ 数据分析评价（Data Analysis Evaluation）

数据分析评价指按照科学性和严谨性的要求来进行数据分析，以提高数据处理的严谨性和科学性。

数据分析评价有两个评价要点：第一，构念和数据的契合性说明。这一评价指标需要检验研究者是否选择了代理指标即构念，并要求研究者提出的构念要有关联度高的数据作支撑。第二，构念三角验证。这一评价指标需要检验研究者是否能够提供多种类型的数据支撑同一构念，并要求研究者在测量每个构念的过程中需要提供不同来源和类型的数据，从而形成构念三角验证，以保证数据的科学性。

【关联条目】

数据收集评价

【推荐阅读】

吴先明，高厚宾，邵福泽．当后发企业接近技术创新的前沿：国际化的"跳板作用"［J］．管理评论，2018，30（6）：40－54．

吴晓波，沈华杰，吴东．不确定性、互补性资产与商业模式设计：新型冠状病毒肺炎疫情期间的多案例研究［J］．科研管理，2020，41（7）：189－200．

【参考文献】

苏敬勤，刘静．案例研究数据科学性的评价体系——基于不同数据源案例研究样本论文的实证分析［J］．科学学研究，2013，31（10）：1522－1531．

八

案例分析方法

◆案例分析（Case Analysis）

案例分析是对收集到的数据进行检查、归类、列表、检验和合并，从而根据数据依据得出结论的过程。案例分析也是案例研究中重要且难度最大的环节。最好在熟悉各种分析工具和控制手段的前提下，确定案例分析的总体策略，即优先分析什么和为什么这样安排（Yin，2014）。

案例分析有四种总体性策略：第一，提出理论假设。案例研究的初衷和方案设计都是以理论假设为基础的，而该理论假设反过来帮助你提出一系列问题、指导你检索已有的文献，以及产生新的假设与理论。第二，进行案例描述。这种策略不像理论假设那样常用，但如果运用理论假设有难度，可以选择进行案例描述的策略。第三，整合质性材料和量化材料。既维持质性材料在整个案例研究中的中心地位，又对量化资料做统计分析，研究者才算成功地实践该分析策略。第四，检验与之相反的竞争性假设。若分析资料时能考虑竞争性假设，所得到的结论会更有说服力和解释力（Yin，2014）。

在 Yin（2014）的研究基础上，苏敬勤和崔淼（2011）认为案例分析的总体策略可以包括两类：第一，以研究假设为主线开展的案例分析。具体步骤：一是设计研究草案，聚焦研究问题，形成重要构念；二是根据研究假设，针对构念进行数据收集；三是以研究假设作为分析主线，对研究假设进行证实或证伪分析。第二，以案例描述为主线开展的案例分析。当案例研究属于描述性案例研究或研究者无法选用前一种案例分析思路时可以采用这种案例分析思路。

除以上案例分析策略外，掌握案例分析的技巧能有效帮助研究者进行案例数据分析。Yin（2017）提出案例分析的技巧包括模式匹配（Model Matching）、构建性解释（Explanation Building）、时序分析（Time‐series Analysis）、逻辑模型（Logic Models）、跨案例聚类分析（Cross – case Synthesis），其中前四种适用于单案例和多案例分析，最后一种则专门用于多案例分析。Eisenhardt（1989）认为数据分析是案例研究构建理论的核心。许多研究都没有很好地呈现他们从众多的数据到研究结果的过程，并将案例分析技术分为案例内分析（Analyzing Within – Case Data）和跨案例分析（Searching for Cross – Case Patterns），其中跨案例分析包括分维度比较法、分组案例配对比较法、分数据来源法三种。苏敬勤和崔淼（2011）认为现有案例分析技术只在 Campbell（1996）、Cook 等（1969）、Yin（2014）提出的案例分析技术上进行了略微扩充，并认为主要的案例分析技术包括模式匹配（Pattern Matching）、解释构建（Explanation Building）、时间序列分析（Time – series Analysis）、逻辑模型（Logic Models）、内容分析（Content Analysis）五种。

【关联条目】

模式匹配、构建性解释、时序分析、逻辑模型、跨案例聚类分析、案例内容分析、跨案例分析、内容分析

【推荐阅读】

罗仲伟，任国良，焦豪，蔡宏波，许扬帆. 动态能力、技术范式转变与创新战略——基于腾讯微信"整合"与"迭代"微创新的纵向案例分析［J］. 管理世界，2014（8）：152 – 168.

【参考文献】

［1］ Yin R K. Case study Research：Design and Methods（5rd edition）［M］. Los Angeles：Sage Publications，2014：157 – 168.

［2］ 苏敬勤，崔淼. 工商管理案例研究方法［M］. 北京：科学出版社，2011：110 – 115.

［3］ Eisenhardt K M. Building theories from case study research［J］. Academy of Management Review，1989，14（4）：532 – 550.

［4］ Ragin C C. The comparative method：Moving beyond qualitative and quantitative strategies［M］. Oakland：University of California Press，2014.

◆分析单位（Unit of Analysis）

分析单位又称分析单元，指确定的案例研究对象。

　　根据案例分析单元的数量，结合案例样本数，可形成四种案例设计，分别为单案例整体性设计（Single – case Holistic Designs）、单案例嵌入式设计（Single – case Embedded Designs）、多案例整体性设计（Multiple – case Holistic Designs）、多案例嵌入式设计（Multiple – case Embedded Designs）。

　　在进行案例研究设计和实施案例研究的过程中，界定分析单位十分重要。在进行案例研究前，对分析单位进行细致的界定有助于确保案例研究与目标现象相互关联。采用多个分析单位有助于进行更深入的分析，但需适当区分主次分析单位，从而避免分析方向出现漂移或性质出现变化。

　　潘善琳和崔丽丽（2016）提出了案例分析层次的概念。案例分析层次指在研究现象、核心问题如何刻画及在特定情境下切入的理论视角确定后，根据所具有的定性数据的情况观察案例分析的切入层次。管理学案例分析可以包括多个层次，如部门、企业、组织、生态等，层次的选择则取决于收集数据的特征。

【关联条目】

　　单案例整体性设计、单案例嵌入式设计、多案例整体性设计、多案例嵌入式设计

【推荐阅读】

　　莫申江，王夏阳，陈宏辉，张麟. 由敬畏到人心：组织伦理系统破解员工离职困局的新视角——以山东老家饮食连锁公司为例［J］. 管理世界，2015（2）：137 – 152,188.

　　Yurdusev A N. "Level of analysis" and "unit of analysis": A case for distinction ［J］. Millennium，1993，22（1）：77 – 88.

【参考文献】

　　［1］苏敬勤，崔淼. 工商管理案例研究方法［M］. 北京：科学出版社，2011：62 – 63.

　　［2］Yin R K. Case study Research：Design and Methods（5rd edition）［M］. Los Angeles：Sage Publications，2014：62 – 70.

　　［3］潘善琳，崔丽丽. SPS 案例研究方法［M］. 北京：北京大学出版社，2016：83 – 87.

◆依据理论假设（According to theoretical Hypothesis）

依据理论假设分析是案例研究者依据理论假设提出一系列问题、检索文献，以及提出新的假设与理论的证据分析策略。依据理论假设分析是案例研究证据分析四种策略的其中之一。

依据理论假设分析的策略实施步骤一般包括：第一，提出理论假设；第二，研究者根据理论假设制订数据收集方案；第三，确定相应的证据分析策略。

依据理论假设分析的策略有两大作用：第一，有利于案例研究者聚焦必要的关键数据资料；第二，有助于组织整个案例研究进程，帮助提出其他可能的思考并检验其正确性。

【关联条目】

整合原始资料、描述性框架、竞争性假设

【参考文献】

Yin R K. Case study Research：Design and Methods（5rd edition）［M］. Los Angeles：Sage Publications，2014：161.

◆整合原始资料（Integrate Raw Data）

整合原始资料指从案例资料入手，不带任何理论假设，发现资料中的初始概念，并由此开始深入挖掘资料，揭示概念及其关系。

经验丰富的研究者往往可能已有某些类似概念认知，故归纳起来更为顺利。但是新手对研究问题和现象都较为陌生，在建立理论和实践的关系时面临挑战。

通常，扎根理论方法（Strauss 和 Corbin，2006）为整合原始资料提供了较多策略。例如，给不同资料匹配不同的代码，每个代码来表示一个概念或研究内容的摘要。

【关联条目】

整合原始资料、描述性框架、竞争性假设

【参考文献】

[1] Yin R K. Case study Research: Design and Methods (5rd edition) [M]. Los Angeles: Sage Publications, 2014: 161.

[2] Strauss A, Corbin J M. Basics of qualitative research: Grounded theory procedures and techniques [J]. Modern Language Journal, 2006, 77 (2): 129.

◆ 描述性框架 (Descriptive Framework)

描述性框架通常指基于最初所查的文献而形成的，可通过文献透露出以往研究的空白或引发研究兴趣而搭建的描述性框架。描述性框架能有效地组织、衔接案例研究分析，有助于确定需要分析的因果联系，甚至有利于开展定量分析。

相较整合原始资料，采用描述性框架更为简便。因此，当研究者还没有确定最初的一系列研究问题或研究假设，就已经收集到大量案例资料，但还没有从中发现有用的概念时，可以选择对资料进行案例描述。

【关联条目】

依据理论分析、整合原始资料、竞争性假设

【参考文献】

[1] Yin R K. Case study Research: Design and Methods (5rd edition) [M]. Los Angeles: Sage Publications, 2014: 161.

[2] Pressman J L, Wildavsky A B. Implementation how great expectations in Washington are dashed in Oakland [M]. Washington: University of Illinois Press, 1973: 96 – 99.

◆ 竞争性假设 (Rival Hypothesis)

竞争性假设指研究者在案例研究开始时提出的，与已提出的研究假设存在竞争性关系的研究假设。

竞争性假设区别于问卷调查研究中的备择假设，与研究假设不是完全互斥的，竞争性假设一般只要与已提出的假设有部分（或全部）的对立或不同就可以成立。

竞争性假设在案例研究中具有重要的作用，鉴于案例研究过程的循环往复性，竞争性假设的提出一般没有严格的时间点，但是需要在数据收集阶段完成前提出，通常在研究设计阶段和数据收集过程中提出。

在研究设计阶段，研究者根据研究问题提出对应的竞争性假设；在数据收集阶段，研究者受到新数据的启发，进一步认知研究问题，或者调整研究问题的设计，从而提出、修正或补充相应的竞争性假设。

竞争性假设与依据理论假设、整合原始资料、描述性框架组成了案例研究的四种总体分析策略（Yin，2014）。竞争性假设通常分为技术方面的竞争性假设（Craft Rivals）及实际生活方面的竞争性假设（Real－World Rivals）。社会科学研究中存在三类技术方面的竞争性假设，研究者在分析研究证据时应特别关注这三类竞争性假设，以避免犯错。此外，研究者在收集资料前就应关注实际生活中存在的竞争性假设以帮助研究者尽早地形成分析逻辑。虽然有些实际生活中的竞争性假设观点可能要等到收集资料时才会变得明朗，这同样是可行的。对不同类型竞争性假设的简要描述如表3－8－1所示。

表3－8－1　对不同类型竞争性假设的简要描述

竞争性假设的类型	描述或实例
技术方面的竞争性假设	
1. 零假设	仅在偶然的外界条件下观察到的特定的结果
2. 效度干扰	如历史记录、成熟程度、不稳定性、测试、工具回归、选择、实验失败、择优互动
3. 研究者的偏见	如"实验者影响"、实地调查中的互动效应
实际生活中的竞争性假设	
4. 直接的竞争性假设	用目标因素（"怀疑对象1"）之外的其他因素（"怀疑对象2"）来假设结果
5. 混合的竞争性假设（实践或政策）	用目标干预和其他干预一同来假设结果
6. 实施中的竞争性假设	用实施中的过程性因素而不是实质性因素来假设结果
7. 竞争性理论	不采用最初的理论假设，而用其他的理论来假设结果
8. 超级竞争性假设	用更大、上一层级的因素来假设结果
9. 社会竞争性假设	用社会趋势而不是其他因素去假设结果

在案例研究中，竞争性假设能发挥重要的作用，主要包括：一是竞争性研究假设可以回应其他学者提出的疑问；二是竞争性研究假设可帮助读者充分理解研究现象或事件；三是竞争性研究假设能帮助读者理解案例研究者的逻辑链（Logic Chain）

及其解释框架；四是竞争性研究假设是研究假设的论证方式之一；五是竞争性研究假设最重要的作用在于提高案例研究结论的信度。虽然竞争性假设的作用明显，但并非越多越好。总之，竞争性假设对于案例研究十分重要，有着无法替代的指导作用。通过鉴定竞争性假设、检测竞争假设、比较竞争性假设，能够使案例研究的结果更具说服力。

【关联条目】

依据理论分析、整合原始资料、描述性框架

【推荐阅读】

栾贞增，杨东涛. 无边界价值观管理——基于 A. O. 史密斯公司的案例研究［J］. 中国工业经济，2015（2）：148－160.

Bennett A，Elman C. Case study methods in the international relations subfield［J］. Comparative Political Studies，2007，40（2）：170－195.

【参考文献】

［1］ Yin R K. Case study Research：Design and Methods（5rd edition）［M］. Los Angeles：Sage Publications，2014：166－168，135－136.

［2］ 苏敬勤，崔淼. 工商管理案例研究方法［M］. 北京：科学出版社，2011：46－49.

◆ 模式匹配（Model Matching）

模式匹配是案例研究遵循的一种逻辑，指建立在实证基础上的模式与建立在预测（或几种可能的预测）基础上的模式相匹配，当模式相互之间达成一致时，案例研究结论的内在效度会更理想（Yin，2014）。

具体来说，模式匹配是最为常用的案例分析技术，其基本思路是通过对预测模式（Predicted Patterns）与实际模式（Empirical Patterns）的比较，判断两种模式之间是否相符，相符表明研究假设得到验证；反之，研究假设被证伪。其中，预测模式即是案例研究的研究假设，而实际模式则是案例中蕴含的构念及其之间的关系。这种思路建立在实证基础上的模式（即建立在研究发现基础上的模式）与建立在预测（或几种可能的预测）基础上的模式相匹配。

模式匹配案例分析技术适用于描述性案例研究和解释性案例研究。

对描述性案例研究而言，在开始收集资料前，需确定具体变量的形式。研究者需要在实证研究前，通过文献研读解释构建相应的研究框架，以此指导案例研究草案的设计以及数据的收集工作等，进而通过实证发现与研究框架（研究假设）之间的模式匹配比较对研究假设进行证实或证伪。

对解释性案例研究而言，模式可能与研究中的因变量或自变量相关。由于构念之间的关系在研究假设中通常已经被明确提出，因此模式匹配分析适用于解释性案例研究，通过比较实证发现与研究假设之间的匹配关系，对研究假设进行验证。

【关联条目】

不等价因变量模式匹配、竞争性假设模式匹配

【推荐阅读】

蔡宁，王节祥，杨大鹏. 产业融合背景下平台包络战略选择与竞争优势构建——基于浙报传媒的案例研究 ［J］. 中国工业经济，2015（5）：96 – 109.

陈德智，吴迪，李钧，吴庭胜. 企业技术战略与研发投入结构和创新绩效关系研究 ［J］. 研究与发展管理，2014，26（4）：67 – 81.

【参考文献】

［1］Yin R K. Case study Research：Design and Methods（5rd edition）［M］. Los Angeles：Sage Publications，2014：169 – 173.

［2］苏敬勤，崔淼. 工商管理案例研究方法 ［M］. 北京：科学出版社，2011：116 – 120.

◆ 不等价因变量模式匹配分析

（Pattern Matching Analysis of Unequal Dependent Variables）

不等价因变量模式匹配分析是针对被解释构念（因变量）的研究而设计的研究假设。

不等价因变量模式匹配分析技术（Nonequivalent Dependent Variables as a Pattern）首先由 Cook 和 Campbell（1979）提出，此后 Yin（2017）提出了竞争性假设模式匹配分析（Rival Explanations as Pattens）和简易模式匹配分析（Simpler Patterns）。

不等价因变量模式匹配分析适用于解释构念（自变量）只有一个，而被解释构念（因变量）却有多个的情况，或是通过一些特定技术的使用，如理论复制等，将

多个解释构念（自变量）分解，用来解析某个特定解释构念（自变量）与众多被解释构念（因变量）之间的关系。

在案例研究中，当所有解释构念的状态都与研究假设一致时，而且案例中不存在解释构念的状态与竞争性研究假设一致，则可以说明研究假设在案例中得到了验证。另外值得注意的是，在验证研究假设时，案例中要出现所有被解释构念，且案例中被解释构念的状态与研究假设一致；相反，若存在任意一个被解释构念与研究假设不一致，则研究假设的正确性存疑。

在 Cook 和 Campbell（1979）的研究基础上，Dul 和 Hak（2007）提出了两种研究假设——必要条件假设、充分条件假设——推动了不等价因变量模式匹配分析技术的进一步发展。必要条件假设是选择解释构念不存在的案例，由于解释性构念不存在则被解释构念不存在。充分条件假设是选择解释构念存在的案例，由于解释构念的存在则被解释构念也存在。但在社会科学中两种假设的信度仍然受到怀疑。

【关联条目】

模式匹配、竞争性假设模式匹配分析

【参考文献】

［1］Yin R K. Case study Research：Design and Methods（5rd edition）［M］. Los Angeles：Sage Publications，2014：169 – 173.

［2］苏敬勤，崔淼. 工商管理案例研究方法［M］. 北京：科学出版社，2011：116 – 120.

［3］Cook T D，Campbell D T，Day A. Quasi – experimentation：Design & analysis issues for field settings［M］. Boston：Houghton Mifflin，1979.

［4］Dul J，Hak T. Case study methodology in business research［M］. Routledge，2007.

◆竞争性假设模式匹配分析

（Competitive Interpretation Pattern Matching Analysis）

竞争性假设模式匹配分析是针对解释构念提出的研究假设形式，在被解释构念已经给定的情况下，研究解释构念及解释构念与被解释构念之间的关系。竞争性假设模式匹配分析是竞争性假设在模式匹配分析法中的运用。

竞争性模式匹配分析技术与案例分析总体思路中的基于竞争性研究假设进行案

例分析的思想是一致的，该方法要求竞争性假设能够用可操作性语言表达出来，而在形式上相互独立的解释构念应包含于竞争性假设的每种解释中，即一种原始解释的有效性意味着其他竞争性假设的无效性。

竞争性假设模式匹配分析要求，案例研究者在研究框架部分中既要提出研究假设，又要提出竞争性研究假设。进而在案例分析的过程中，验证其中的一个假设来说明其他的竞争性假设都是不成立的。

【关联条目】

模式匹配、不等价因变量模式匹配

【参考文献】

［1］Yin R K. Case study Research：Design and Methods（5rd edition）［M］. Los Angeles：Sage Publications，2014：169 – 173.

［2］苏敬勤，崔淼. 工商管理案例研究方法［M］. 北京：科学出版社，2011：116 – 120.

◆ 建构性解释（Constructive Interpretation）

建构性解释又称过程追踪（Process – tracing），是通过构建一种关于案例的解释来分析案例资料的分析技术，实际上是一种步骤更复杂、操作更难的特殊的模式匹配（Yin，2014）。构建性解释专门服务于解释性案例研究（苏敬勤和崔淼，2011）。

建构性解释分为单案例研究的建构性解释和多案例研究的建构性解释两种。

就单案例研究而言，通过建构性解释，研究者能够以数据为抓手来解释案例中出现的事件，进而对案例研究数据本身进行分析，从而应对合理的竞争性假设。另一种理解是，"解释"一个现象即提出一套关于该现象可能的因果关系。

在大多数案例研究中，描述性形式是大多数建构性解释的存在方式，但是，案例研究中复杂的因果关系难以用精确的方式来评定。由于不存在绝对准确，若解释建构能够反映一些具有理论意义的观点，会更有意义。

就多个案例研究而言，建构性解释的目标之一是建立适用于每一个单案例的总体解释，类似进行多元重复试验。

对于解释性案例研究的建构解释步骤，可操作性很强的阐述尚未出现，大致可归纳为一系列不断修正的循环过程。研究者在重复循环的过程中要注意回溯原有课题，避免脱离原来的研究目的，并且要时常警惕过程中产生的选择性偏见，避免关键的证据资料被掩盖。

建构性解释可以分为以 Yin 为代表的比较修正学派和以 Belk（2010）为代表的比较解释学派（苏敬勤和崔淼，2011）。

苏敬勤和崔淼（2011）认为比较修正型建构性解释在运用中存在一大弊端，即研究者不断修改初始研究假设，可能导致最终的研究结论与初始研究问题之间出现偏离，为了避免该潜在危险的发生，案例研究者在研究过程中应该不断重新审视研究问题、提前明确案例研究方案、建立案例数据库审查案例研究以及形成证据链的方式开展研究。

【关联条目】

时序分析、逻辑模型、跨案例聚类分析、跨案例分析、案例内分析

【推荐阅读】

冯小亮，牟宇鹏，丁刚. 共享经济时代企业顾客协同价值创造模式研究［J］. 华东经济管理，2018，32（6）：148 – 156.

邱国栋，董姝妍. 从组织记忆到组织遗忘：基于"抛弃政策"的战略变革研究——以长春一汽发展历程为案例［J］. 中国软科学，2016（9）：168 – 179.

【参考文献】

［1］ Yin R K. Case study Research：Design and Methods（5rd edition）［M］. Los Angeles：Sage Publications，2014.

［2］ 苏敬勤，崔淼. 工商管理案例研究方法［M］. 北京：科学出版社，2011：120 – 123.

◆ 比较解释型建构性解释

（Case Analysis of Comparative Interpretation Construction）

比较解释型建构性解释案例分析由 Belk（2010）提出，是基于模式匹配思想开展的案例分析技术，与 Yin 提出的比较修正型建构性解释案例分析逻辑相比，两者核心思想存在很大的区别。其中，比较客体及其提出背景和方式是主要区别。

比较解释型建构性解释案例分析的逻辑是"研究问题—预期研究假设—与案例实际对比"。第一，案例研究在开始时研究问题的隐含形式应该是"为什么是这种情况，而非……"第二，对预期结果进行判断，即"而非……"的情况发生以及提出

研究假设（通常情况下还包括竞争性研究假设）。第三，研究者进行案例分析，说明另外一种实际因果关系的存在。第四，通过预期结果与实际结果的比较，分析导致非预期情况（实际情况）出现的原因，在此基础上对研究假设进行证实或证伪。这也是比较解释型建构性解释案例分析技术的重点。

此外，值得注意的是，比较解释型建构性解释案例分析技术的运用目的不在于证实一种解释或者证伪其他解释，其真正的目的是通过解释之间的比较，分析解释之间的不同从而接受一种解释，在某些情况下，还可能出现多种解释都合理而共存的情况。

【关联条目】

建构性解释、比较修正型建构性解释

【参考文献】

［1］Yin R K. Case study Research：Design and Methods（5rd edition）［M］. Los Angeles：Sage Publications，2014：173.

［2］苏敬勤，崔淼. 工商管理案例研究方法［M］. 北京：科学出版社，2011：120－123.

◆时序分析（Time－Series Analysis）

时序分析是一种把研究假设与案例实施数据进行比较的分析方法（Yin，2014），即时序分析主要是通过研究变量的变化趋势对研究假设进行验证的分析技术。时序分析是一种特殊的模式匹配分析。

与较为宏大的模式匹配相比，时间序列设计在某种意义上要简单得多。具体而言，时序分析可以分为简单时序分析（Simple Time Series Analysis）、复杂时序分析（Complex Time Series Analysis）、编年分析（chronology）三种类型（Yin，2014）。

简单时序分析的内在逻辑是把案例数据的趋势与以下两个趋势进行对比：一是在调查开始之前就确定的理论性趋势；二是前期明确的相反趋势。多案例的分析也适用于时序分析的逻辑，多案例的时序分析一般需要给不同案例设定不同的时序模式。简单时序分析往往只涉及一个因变量或自变量。

复杂时序分析是指因某个案例中变量的发展趋势多变，导致时间序列设计更复杂。这些研究往往涉及多个变量，这种情况尤其经常出现在嵌入式案例研究中（Embedded Case Study）。

编年分析是一种特殊的时序模型，是以分析事件为目的，分析假定有因果联系的事件，追溯一段时间内发生的事件，且不能出现相反的时间序列。编年分析一般适用于四种情况：一是某事件必然在其他事件之前，没有逆向序列；二是某事件之后必然出现其他事件；三是某事件只能在其他事件之后出现，并有事先明确的时间间隔；四是一定时段内可能出现的某一组事件，且与其他时间段的事件有本质区别。

简单时序分析和复杂时序分析是需要定量数据支持的，如定量分支的时间序列技术。简单和复杂时序分析体现了案例研究方法的优势，不仅在于其对时间序列的估计，还在于其对复杂趋势的全面揭示。编年分析的优势在于，一是为研究者提出了统一的比较标准，有助于进行多案例分析；二是可以作为研究者与读者交流的重要依据（苏敬勤和崔淼，2011）。

【关联条目】

建构性解释、逻辑模型、跨案例聚类分析、跨案例分析、案例内分析

【参考文献】

［1］Yin R K. Case study Research：Design and Methods（5rd edition）［M］. Los Angeles：Sage Publications，2014：177－183.

［2］苏敬勤，崔淼. 工商管理案例研究方法［M］. 北京：科学出版社，2011：124－127.

◆逻辑模型（Logical Model）

逻辑模型是一定时期内各个事件之间复杂而精确的链条（Yin，2014）。逻辑模型也是一种特殊的模式匹配分析，用于研究事件的因果关系，并且强调对干扰事件的研究（苏敬勤和崔淼，2011）。

逻辑模型通常包括四个要素，即输入（Inputs），行为、项目或过程（Activities，Programs，or Processes），直接输出（Immediate Putputs），长期成果（Outvomes or Results），四个要素形成因果关系链。

Wholey（1979）是把逻辑模型发展为一种分析技术的鼻祖。他首次提出了"项目"逻辑模型，认为如果出台某一公共政策希望得到某种结果，就要对事件进行追溯分析。Yin（2017）在 Wholey 的基础上，根据分析单位的不同，将逻辑模型分析细分为三种，分别是个体层面的逻辑模型（Individual－level Logic Model）、公司或组织层面的逻辑模型（Firm or Organizational－level Logic Model）、项目层面的逻辑模型

（Program – level Logic Model）。其中，个体层面的逻辑模型是案例研究针对单个个体的逻辑模型。公司或组织层面的逻辑模型是追溯单个组织中发生的事件，并且追踪一段时间内的事件，对特定事件给予足够关注的逻辑模型。项目层面的逻辑模型，是一种复杂的逻辑模型分析，通常在这种逻辑模型中一般包含多个干扰事件，从而实现对分析客体的系统性变革（Systematic Reform or Transformation）（Yin，2014）。

【关联条目】

建构性解释、时序分析、跨案例聚类分析、跨案例分析、案例内分析

【推荐阅读】

周嘉南，段宏，黄登仕. 投资者与创始人的争斗：冲突来源及演化路径——基于我国公司公开冲突事件的案例分析［J］. 管理世界，2015（6）：154 – 163.

Williams R G A. Logical analysis as a qualitative method II：Conflict of ideas and the topic of illness［J］. Sociology of Health & Illness，1981，3（2）：165 – 187.

【参考文献】

［1］Yin R K. Case study Research：Design and Methods（5rd edition）［M］. Los Angeles：Sage Publications，2014：183 – 191.

［2］苏敬勤，崔淼. 工商管理案例研究方法［M］. 北京：科学出版社，2011：128 – 130.

［3］Wholey J S. Evaluation：Promise and performance［M］. Washington，D. C. ：Urban Institute，1979.

◆跨案例聚类分析（Cross Case Clustering Analysis）

跨案例聚类分析是专门用于多案例研究的分析技术。跨案例聚类分析与其他的综合性研究一样，是对一系列单个研究的结果进行综合的分析技术。

跨案例聚类分析的步骤包括：第一，记录单个案例资料。通常研究者会编制文档表格，构建一个总体框架来呈现单个案例的资料，并对每个资料进行翔实的记录。

第二，进行初步分类。研究者通过表格的翔实记录探讨不同案例资料是否有相似之处，从而能够作为同一类型的案例进行复制，或分析案例之间是否差异较大，能够作为对比案例进行分析。运用跨案例聚类分析技术时必须注意，分析跨案例表格的关键是辨别和解释，而不是罗列数字。这个方法与跨实验的解释类似，二者都

不强调数字，也没有太多的实验需要分析。一般而言，跨案例聚类分析适合嵌入式案例研究。

【关联条目】

建构性解释、时序分析、逻辑模型、跨案例分析、案例内分析

【推荐阅读】

黄纯，蔡宁. 企业创业与集群跨层面升级的探索式多案例研究［J］. 科学学与科学技术管理，2012，33（2）：96 – 103.

【参考文献】

Yin. 案例研究：设计与方法（第五版）［M］. 周海涛，史少杰译. 重庆：重庆大学出版社，2017：191 – 195.

◆ 跨案例分析（Cross – Case Analysis）

跨案例分析对一组案例进行分析，能够弥补人们对于数据处理存在不足的一种分析方法（Eisenhardt，1989）。它帮助研究人员由于信息处理偏差容易得出过早甚至错误的结论提供解决方案，该方法主要有三种策略：第一，选择类别或维度，再寻找组内相似性和组间差异。维度可以由研究问题或现有文献提出，也可以由研究者简单地选择一些维度。

第二，选择多对案例，列出每对案例之间的异同。这种策略迫使研究人员寻找案例之间的细微异同。研究人员将看似相似的案例放在一起寻找差异，可以打破简单化的框架。同样地，在一对看似不同的案例中寻找相似性对更复杂的理解有帮助。这些比较结果可能是研究人员没有预想到的新类别和概念。

第三，按数据源划分数据。在策略决策研究中，该策略用于定性和定量数据分析的分离（Bourgeois 和 Eisenhardt，1988；Eisenhardt 和 Bourgeois，1988）。该策略的关键在于从不同类型的数据收集中获得的独特见解。当来自一个数据源的证据证实了来自另一个数据源的模式时，这一发现将变得更具说服力。此外，当证据冲突时，研究人员能够通过更深入地研究差异的含义来调和证据，并且这种冲突能暴露出虚假的或随机的模式或分析中的偏见。这种策略的另一种体现是将数据分成若干组，最初集中于一组案例，而后来集中于其余的案例。

综上所述，跨案例分析包括两种逻辑，即逐项复制逻辑和差别复制逻辑。

总体而言，这些跨案例搜索策略的思想是迫使调查人员超越最初的印象，尤其是通过在数据上使用结构化和多样化的视角。这些策略提高了理论（即与数据紧密匹配的理论）准确而可靠的可能性。同样，跨案例分析提高了调查人员捕获数据中可能存在的新颖发现的可能性。

【关联条目】

跨案例聚类分析、复制逻辑

【推荐阅读】

王琳，陈志军. 价值共创如何影响创新型企业的即兴能力？——基于资源依赖理论的案例研究［J］. 管理世界，2020，36（11）：96 – 110，111，131.

Dinesh K K，Sushil. Strategic innovation factors in startups：Results of a cross – case analysis of Indian startups［J］. Journal for Global Business Advancement，2019，12（3）：449 – 470.

【参考文献】

［1］Bourgeois III L J，Eisenhardt K M. Strategic decision processes in high velocity environments：Four cases in the microcomputer industry［J］. Management Science，1988，34（7）：816 – 835.

［2］Eisenhardt K M，Bourgeois III L J. Politics of strategic decision making in high – velocity environments：Toward a midrange theory［J］. Academy of Management Journal，1988，31（4）：737 – 770.

［3］Eisenhardt K M. Building theories from case study research［J］. Academy of Management Review，1989，14（4）：532 – 550.

◆ 归纳逻辑（Inductive Logic）

归纳逻辑指研究者如何将个案中得出的研究结论上升为一般性、概括性的结论。

在案例研究中，归纳逻辑是将能得出相同结果和不同结果的两类案例作比较。逐项复制是用能得出相同结果的案例比较。差别复制是用得出不同结果的案例比较。归纳逻辑中因果关系的显著性程度决定了管理案例研究的严谨性。

归纳逻辑的可靠性依赖三个因素：第一，是否准确地界定了研究的范围。在对研究现象进行研究前，若不能准确地界定研究的范围，则难以开展相关的研究。同时，若把不相关的情况当成相关的情况或把相关的情况当成不相关的情况，则会得出错误的结论。

第二，是否准确地分析了相关的情况。与研究对象关联的因素很多，若不能对其影响机制进行准确的分析，很可能会得出错误的结论。

第三，是否正确抽取了共同因素。经研究分析，在不同情境中观察的现象可能都包含共同的某一因素，即研究现象产生的原因。

【关联条目】

复制逻辑

【推荐阅读】

买忆媛，叶竹馨，陈淑华．从"兵来将挡，水来土掩"到组织惯例形成——转型经济中新企业的即兴战略研究［J］．管理世界，2015（8）：147-165.

【参考文献】

吕力．归纳逻辑在管理案例研究中的应用：以 AMJ 年度最佳论文为例［J］．南开管理评论，2014，17（1）：151-160.

◆复制逻辑（Replication Logic）

复制逻辑指在多案例研究中，通过将第一个案例的研究结论与其他案例进行对比，进而修改理论假设，使数据与理论假设相匹配。

研究者通常期待不同的理论假设之间的对比明显，使研究结果能够通过对比两种相冲突的结果来解释研究结论。

Yin（2017）提出的"复制逻辑"和 Eisenhardt（1989）提出的"复制与扩展逻辑"是管理学顶级期刊中被使用最多的管理案例研究方法论（吕力，2014）。

Yin（2017）提出的"复制逻辑"指在多案例研究中，通常先完成第一个案例的分析后，再挑选 6~10 个案例以提高所得结论的可靠性。所挑选的案例应有 2~3 个逐项复制的案例（即能产生相同的结果）及 4~6 个差别复制的案例（与第一案例产生不同的结果）组成。若某几个案例的结果相矛盾，需修改最初的理论假设，再用另外几个案例对修改后的理论假设进行检验（Yin，2014）。

Eisenhardt（1989）提出"复制与扩展逻辑"，其中"复制逻辑"指研究者先逐一用单个案例对研究假设进行分析检验，再将所得结果相互印证，从而更容易发现共存于多案例之间的结果，并消除随机性关联。"拓展逻辑"也即差别复制，指将每个案例中出现的某些互补的方面相融合，从而建立更为完善和精确的理论（Eisenhardt，1989）。

【关联条目】

归纳逻辑

【推荐阅读】

马佳，李天柱，银路. 新冠疫情背景下应急研发的快速应答机制研究［J］. 科学学与科学技术管理，2021，42（4）：49－69.

【参考文献】

［1］Yin R K. Case study Research：Design and Methods（5rd edition）［M］. Los Angeles：Sage Publications，2014：71－76，273.

［2］吕力. 归纳逻辑在管理案例研究中的应用：以 AMJ 年度最佳论文为例［J］. 南开管理评论，2014，17（1）：151－160.

［3］Eisenhardt K M. Building Theories from Case Study Research［J］. Academy of Management Review，1989，14（4）：532－550.

◆案例内分析（Within – Case Analysis）

案例内分析是对单个案例中的数据进行分析的技术。

案例内分析通常涉及每个事件或现象的详细描述，虽然这些记录内容通常只是纯粹的描述，但它们可以作为研究者提出或获得构念的关键基础，以帮助研究人员在分析过程中尽早处理好大量的数据（Gersick，1988；Pettigrew，1988）。案例内分析没有标准格式，通常，研究者将每个案例作为一个独立的实体记录，同时使每个案例都与总体思想紧密相关，通过这一过程，能够让研究者发现每个案例的独特模式，由此有助于跨案例分析。此外，案例内分析使研究者对每个案件都非常熟悉，这反过来又加速了跨案例的比较（Eisenhardt，1989）。

案例内分析之所以重要是因为案例研究的一个现实，即数量惊人的数据。尤其当研究问题是开放式的问题，数据量令人生畏，而案例内分析可以帮助调查人员应对这种海量数据，案例内分析是弥补该鸿沟的一个关键方法（Kathleen 和 Eisenhardt，1989）。

【关联条目】

跨案例分析

【推荐阅读】

魏江，杨洋. 跨越身份的鸿沟：组织身份不对称与整合战略选择［J］. 管理世界，2018，34（6）：140 - 156，188.

【参考文献】

［1］Eisenhardt K M. Case study research：Design and methods［J］. The Academy of Management Review，1989（1）：539 - 540.

［2］Gersick C. Time and transition in work teams：Toward a new model of group development［J］. Academy of Management Journal，1988（31）9 - 41.

［3］Pettigrew A. Longitudinal field research on change：Theory and practice［A］. Paper presented at the National Science Foundation Conference on Longitudinal Research Methods in Organizations，Austin，1988.

◆内容分析（Content Analysis）

内容分析是一种用于解释研究问题、现象或事件的质性数据研究方法。

内容分析通过对原始数据的不断浓缩和提炼以达到精简数据的目的，并能够构建出相关理论来解答案例中提出的研究问题。内容分析技术的出现满足了基于扎根理论的探索性案例的分析，有助于提高案例研究的科学性和规范性。

内容分析法包括浅层内容分析（Manifest Content Analysis）和深层内容分析（Latent Content Analysis）。浅层内容分析的数据量化程度更高，通常停留在有物理存在并可以计数的元素，而深层内容分析则试图挖掘并解读信息背后潜藏的意义。在进行内容分析前，需要明确以下六点：一是需分析的数据的边界；二是数据边界界定的标准；三是数据总体情况；四是背景和数据间的关系；五是分析的边界；六是分析的目的。

内容分析法策略包括计数统计、聚类、拆分、寻找模式、记录变量之间的关系、构造概念理论一致性、三角验证等。根据分析目的的不同，内容分析有概念分析（Conceptual Analysis），也称词频分析及关系分析（Relational Analysis）两种类型。

【关联条目】

词频分析、关系分析

【推荐阅读】

吕一博，蓝清，韩少杰. 开放式创新生态系统的成长基因——基于 iOS、Android 和 Symbian 的多案例研究［J］. 中国工业经济，2015（5）：148 – 160.

田志龙，程鹏璠，杨文，柳娟. 企业社区参与过程中的合法性形成与演化：百步亭与万科案例［J］. 管理世界，2014（12）：134 – 151，188.

【参考文献】

［1］苏敬勤，崔淼. 工商管理案例研究方法［M］. 北京：科学出版社，2011：130 – 135.

［2］苏芳，黄江明. 质性研究设计与写作的若干策略——"中国企业管理案例与质性研究论坛（2012）"会议综述［J］. 管理世界，2013（2）：136 – 140.

［3］Krippendorff K. Content analysis：An introduction to its methodology［J］. Seikeigeka Orthopedic Surgery，2004，79（385）：204.

◆ 词频分析（**Word Frequency Analysis**）

词频分析在文献计量学中是一种传统的和具有代表性的内容分析方法，通过词出现频次的变化，对热点及其变化趋势进行确认，该方法在各学科领域中被广泛使用。

在案例研究中，词频分析会对数据中某一（些）特定表述出现次数进行统计，原始数据中出现的表述（如字、词、短语、句子甚至段落等）以及研究者在对原始数据进行分解和编码的基础上形成的新编码、概念或类别都可以是特定的表述。其基本前提是假设某一特定表述出现的次数越多，其在案例中的作用越发显著，是数据生产者（如受访者、文件编写者以及被观察者等）的关注焦点所在。Pratt（2008）建议，若10%的受访者提及某一构念，同时有二手数据加以三角验证，就可以认为这是一个重要的概念或主题。但是，若访谈个数在 20 人以内，这个比例没有太大的参考价值（李亮等，2020）。通常词频分析的主要过程分为数据检索、清洗加工、词汇提取、统计分析等阶段。

李亮等（2020）认为，根据条目数来确定概念的重要性可能存在缺陷。其原因有三，一是某个现象被谈论的次数可能与访谈者更多地提这方面的问题有关，而不一定是由该现象或事件的重要性决定；二是一些重要的现象或事件可能因为访谈者没有询问而被忽略，采用词频分析可能会遗漏重要的发现；三是被提及多少频次才算重要的标准难以确定。

【关联条目】

内容分析、关系分析

【推荐阅读】

孟显印，杨超. 我国开放政府数据应用开发的现状与问题——基于开放政府数据平台的分析［J］. 情报杂志，2020，39（3）：163-171，197.

龙静，贾良定，孙佩. 技术创新驱动要素协同与能力构建——10家高科技企业典型事件分析法的案例［J］. 经济管理，2014，36（5）：45-59.

【参考文献】

［1］苏敬勤，崔淼. 工商管理案例研究方法［M］. 北京：科学出版社，2011：132.

［2］李亮，刘洋，冯永春. 管理案例研究：方法与运用［M］. 北京：北京大学出版社，2020.

［3］Pratt M G. Fitting oval pegs into round holes：Tensions in evaluating and publishing qualitative research in top - tier North American journals［J］. Organizational Research Methods，2008，11（3）：481-509.

◆ 关 系 分 析（Relational Analysis）

关系分析是以概念分析为基础，通过对概念或类别间的关系进行分析，进而解析研究问题的分析技术。

概念和类别间的具体关系有强度、褒义和贬义、方向、含义四种。关系分析技术的创始人Palmquist（1997）将关系分析方法分为情感提取（Affect Extraction Approach）、邻近分析（Proximity Analysis）以及认知地图（Cognitive Maping）三类。其中，情感提取是指研究者通过对特定背景的分析剖析概念的深层次内涵。临近分析指研究者的分析对象总在一起出现。认知地图指研究者针对分析文本构建一个整体的解释框架，使用这个框架解释研究概念在时间和空间维度上的演化。

关系分析推动了内容分析的发展。运用关系分析的方法，研究者能够以图形层面或统计层面分析质性数据，达到提高质性数据分析精确性的目的。然而，由于内容分析对数据的关注，相关概念和类别脱离情境，对案例研究的情境性有一定的影响。

【关联条目】

内容分析、词频分析

【推荐阅读】

王凤彬，江鸿，王璁. 央企集团管控架构的演进：战略决定、制度引致还是路径依赖？——一项定性比较分析（QCA）尝试［J］. 管理世界，2014（12）：92 – 114，187 – 188.

黄贵懿. 基于在线教育交互信息的学习分析系统设计与实现［J］. 教育现代化，2017，4（30）：101 – 103.

【参考文献】

［1］苏敬勤，崔淼. 工商管理案例研究方法［M］. 北京：科学出版社，2011：132 – 133.

［2］Palmquist M E, Carley K M, Dale T A. Two applications of automated text analysis：Analyzing literary and non – literary texts［M］//Roserts C W.（eds）. Text analysis for the social sciences：Methods for drawing statistical inferences from texts and transcripts，1997.

◆理论构建型案例分析

（Case Analysis of Theoretical Construction）

理论构建型案例分析由两部分组成：一是基于多案例比较分析的理论构建；二是基于多案例分析的验证。这两个部分通过单案例分析（Within – case Analysis）、跨案例比较分析（Cross – case Pattern Search）以及复制（Replication）三个步骤完成。其中，单案例分析主要是对多案例分析中每个个案在数据收集的基础上分别进行分析，这种分析往往以案例事件或实践等的描述展开，以使研究者能够深入把握案例，同时也是向读者传达案例信息的途径。

在跨案例比较分析过程中，研究者通过图表或矩阵等方式对与研究主题紧密相关的变量进行抽取，抽象地展现相关变量之间的关系，并在图表和矩阵分析的基础上提出相关的研究假设。

在复制阶段，研究者需要选择其他的多案例对在步骤二中提出的研究假设进行检验，并且这种检验是以个案为单位进行的，而不能将所有案例整合在一起进行研究假设的检验，这是已有理论构建型案例研究容易犯的一个错误。

【关联条目】

案例分析

【推荐阅读】

朱方伟，于淼，孙秀霞 . 中国汽车合资企业自主创新模式研究 ［J］. 科研管理，2013，34（6）：152 – 160.

【参考文献】

苏敬勤，崔淼 . 工商管理案例研究方法 ［M］. 北京：科学出版社，2011：144 – 147.

◆ 求同法 （Method of Agreement）

求同法是一种比较不同情境中同一现象的案例的方法，通过比较不同的案例，研究者可以剔除与现象发生不相关的因素；而不同情境中现象发生的共有变量则可能为现象发生的原因。但求同法的应用受到了 Mill（1974）以及 Ragin（2000）等学者的批评。

一方面，由于管理现象发生的原因并不是单一因素，而是多个因素的综合作用，若存在现象一致的两个案例，两者造成现象的原因并不一致，在这种情况下，使用求同法的分析逻辑很容易拒绝可能的假设、忽略正确的原因。

另一方面，还有很多管理现象的发生是由多个因素混杂在一起综合作用的结果，求同法也无法对这种情况进行分析。若存在现象一致的两个案例，其中一个案例现象发生的原因为 A 和 B，而另一案例现象产生的原因仅为 A，则在这种情况下使用求同法分析逻辑也无法对原因进行分析，会出现拒绝可能假设的情况。

【关联条目】

求异法

【推荐阅读】

马佳，徐雨森，孙福全. 后发企业基于科学的创新机会研究［J］. 科学学研究，2019，37（12）：2284－2295.

叶成城. 重新审视地缘政治学：社会科学方法论的视角［J］. 世界经济与政治，2015（5）：100－124，159－160.

蒋建忠. 国际关系研究中的质性分析［J］. 国际关系研究，2016（4）：3－24，150.

【参考文献】

［1］苏敬勤，崔淼. 工商管理案例研究方法［M］. 北京：科学出版社，2011：143－144.

［2］Mill J S. A system of logic［M］// A system of logic ratiocinative and inductive. University of Toronto Press，1974：351－367.

◆ 求异法（Method of Difference）

求异法是指作者选择两个情境相似的个案开展研究，两者中的一个个案中发生的现象在另一个个案中没有出现，研究者需分析出在现象发生个案中出现的一个或多个情境因素，并且该因素并未出现在现象未发生的个案中，据此识别出导致现象发生的单个或多个因素。此方法是多案例设计的基础。

相较于求同法，求异法的分析逻辑并不拒绝可能的研究假设，求异法既能应对多个自变量的情形，也能应对混合自变量的情形。

【关联条目】

求同法

【推荐阅读】

李巍，朱红宇. 外交关系与人民币离岸市场的发展［J］. 世界经济与政治，2017（9）：107－138，159－160.

【参考文献】

［1］苏敬勤，崔淼. 工商管理案例研究方法［M］. 北京：科学出版社，2011：

143 - 144.

［2］ Mill J S. A system of logic ［M］ // A system of logic ratiocinative and inductive：University of Toronto Press，1974：351 - 367.

◆非直线求异法（**Method of Non - linear Difference**）

非直线求异法是求同法和求异法的结合。将求同法及求异法两者的优势互补，弥补二法的缺点。研究人员使用非直线求异法，需选择两组案例，其中第一组每个案例都出现相同的研究现象及相同的因素，而第二组案例都不具有该研究现象，当第二组中皆未出现第一组中的共有因素时，则案例研究者能够对这些因素与出现该现象的因果关系提出假设。

【关联条目】

求异法

【参考文献】

［1］ 苏敬勤，崔淼. 工商管理案例研究方法 ［M］. 北京：科学出版社，2011：143 - 144.

［2］ Charles C. Ragin. Fuzzy - set Social Science ［M］. London：The University of Chicago Press，2000.

［3］ Mill J S. A system of logic ［M］ // A system of logic ratiocinative and inductive. University of Toronto Press，1974：351 - 367.

案例研究结果及目标

◆ **案例研究报告**（Case Study Report）

案例研究报告是把案例研究的结论和新观点呈现的最新成果，是案例研究者与读者的一种有效的沟通手段。撰写案例研究报告是案例研究要求最高的一个环节，研究者需要弄清潜在读者，以读者需求为导向进行撰写。

案例研究报告的书面格式包括：第一，单案例研究报告。描述和分析案例时用单人称叙述。第二，包含单案例的多案例研究报告。描述和分析案例时分章节用多人称叙述。第三，既可多案例研究报告，又可单案例研究报告。以案例研究资料库的问题和答案为依据。第四，多案例研究报告。整个报告可能是跨案例分析。

此外案例研究有 6 种常见的例证性结构，即适用于单一案例研究的写作，也适用于多案例研究报告的写作。6 种结构适用于不同类型的案例研究。

【关联条目】

理论构建、理论贡献

【参考文献】

［1］Yin R K. Case study Research：Design and Methods（5rd edition）［M］. Los Angeles：Sage Publications，2014：207 - 219.

［2］苏敬勤，崔淼. 工商管理案例研究方法［M］. 北京：科学出版社，2011：150 - 151.

◆线性分析式结构（Linear Analytic Structure）

线性分析是一种撰写研究报告的标准结构。线性分析式结构为经典的五段式结构，即相关研究回顾、理论框架构建、研究方法介绍、数据分析结果、研究结论贡献。此外，在线性分析结构中，子题目需参照研究的问题或项目顺序排序。

与很多案例研究报告一样，这种结构特征体现在实验科学的大部分期刊文章中。若案例的潜在读者为研究同行或论文评审，线性分析式结构是最合适的结构之一。线性分析式结构适用于解释性、描述性和探索性案例研究。例如，一个探索性案例需要包含探索的问题、使用的探索方法、探索成果以及（进一步研究的）结论。

【关联条目】

比较式结构、时间顺序结构、理论构建式结构、悬念式结构、无序（混合）式结构

【参考文献】

[1] Yin R K. Case study Research：Design and Methods（5rd edition）[M]. Los Angeles：Sage Publications，2014：219.

[2] 苏敬勤，崔淼. 工商管理案例研究方法 [M]. 北京：科学出版社，2011：152.

◆比较式结构（Comparative Structure）

比较式结构是把一个案例重复两次以上，比较相同案例的不同陈述或解释的案例研究报告结构。这种对于案例研究的重复描述，能够很好地服务于竞争性假设。对研究假设和竞争性研究假设使用同一案例中分别进行解释，比较两者与案例的匹配程度，以确定哪一种假设更能对案例进行解释。

从不同的视角对一个案例进行重复时，则是相对主义者的实践，此时采用相对主义或结构主义的方法十分合适，能够展现多种现实。无论案例研究的目的是描述性的，还是解释性的，采用相对主义或现实主义研究皆是可行的。比较式结构的主

要特征是把整个案例研究用一种明显的比较方法重复两次以上。

【关联条目】

线性分析结构、时间顺序结构、理论构建式结构、悬念式结构、无序（混合）式结构

【参考文献】

［1］Yin R K. Case study research：Design and methods（5rd edition）［M］. Los Angeles：Sage Publications，2014：220.

［2］苏敬勤，崔淼. 工商管理案例研究方法［M］. 北京：科学出版社，2011：152.

◆时间顺序结构（**Chronological Structure**）

时间顺序结构是一种按时间顺序陈述案例研究的报告结构，适用于案例材料是按时间顺序呈现给读者的情况。时间顺序结构中章节的顺序可按案例发展早期、中期、末期的排序。在解释性案例研究报告中，这种结构十分重要，研究者可采用时间顺序对构建的因果关系假设进行验证。在描述性案例研究报告中，研究者可以按时间顺序进行案例事件的描述，详细描述事情的来龙去脉。在探索性案例研究报告中，研究者可采用时间顺序对构建的因果关系进行假设，并运用类似案例进行实证检验。值得注意的一点是，采用时间顺序结构的研究中常常会面临头重脚轻的难题，即花费过多精力撰写报告的介绍部分，导致案例的现状描述内容不足。对此 Yin（2014）建议研究中采取倒叙方式草拟案例报告，初稿完成后再采用正序方式撰写终稿。

【关联条目】

线性分析结构、比较式结构、理论构建式结构、悬念式结构、无序（混合）式结构

【参考文献】

［1］Yin R K. Case study research：Design and methods（5rd edition）［M］. Los Angeles：Sage Publications，2014：220－221.

［2］苏敬勤，崔淼. 工商管理案例研究方法［M］. 北京：科学出版社，2011：152.

◆ *理论建构式结构* （Theory – building Structure）

理论建构式结构是一种按照案例研究中一些理论构建逻辑安排章节顺序的案例研究报告结构，要求每一章节应揭示出理论论证的新颖部分。这里所指的逻辑具体内容取决于特定的题目或者理论。

值得注意的是，理论建构式结构与比较式结构有一定程度的重复，但两种结构存在差别。比较式结构关注的是研究假设与竞争性研究假设间的整体对比，而理论构建式结构关注的是在对假设进行拆分的基础上，研究假设中不同构念或变量及其之间关系的分析和整合分析后对案例研究假设的验证。该结构适用于解释性和探索性案例研究报告。

【关联条目】

线性分析结构、时间顺序结构、比较式结构、悬念式结构、无序（混合）式结构

【参考文献】

［1］Yin R K. Case study Research：Design and Methods（5rd edition）［M］. Los Angeles：Sage Publications，2014：221.

［2］苏敬勤，崔淼. 工商管理案例研究方法［M］. 北京：科学出版社，2011：152 – 153.

◆ *悬念式结构* （Suspense Structure）

悬念式结构是一种在案例研究报告开头章节直接陈述研究结果，并在后续章节解释结果形成原因的研究案例报告结构。一篇优秀的悬念式结构的案例研究报告需要以强大的逻辑性设计解释研究结果原因的步骤和顺序，并作出精彩的解释，以能够很大程度吸引读者。该结构适用于解释性案例研究报告。但由于描述性案例研究并没有十分重要的结果，所以不适合采用该结构编写案例研究报告。

【关联条目】

线性分析结构、时间顺序结构、理论构建式结构、比较式结构、无序（混合）式结构

【参考文献】

［1］Yin R K. Case study research：Design and methods（5rd edition）［M］. Los Angeles：Sage Publications，2014：221.

［2］苏敬勤，崔淼. 工商管理案例研究方法［M］. 北京：科学出版社，2011：153.

◆无序（混合）式结构（Unsequenced Structure）

无序式结构是一种对章节顺序并不重视的案例研究报告结构。当研究者任意组合材料都不会影响案例研究结果时，才可以采用该结构。若研究者需要采用对特定案例最有意义的顺序时，也可以使用该结构。值得注意的是，采用该结构章节顺序虽然并不重要，但研究者需要注意总体的完整性。若重要题目疏漏，则整个报告会令读者感到不完整，进而引起读者对案例是否歪曲事实的质疑。撰写无序式案例研究报告时，研究者应使用案例清单以防止疏漏。

【关联条目】

线性分析结构、时间顺序结构、理论构建式结构、悬念式结构、比较式结构

【参考文献】

［1］Yin R K. Case study research：Design and methods（5rd edition）［M］. Los Angeles：Sage Publications，2014：221.

［2］苏敬勤，崔淼. 工商管理案例研究方法［M］. 北京：科学出版社，2011：153.

◆线性结构的叙述（Linear Structure Narrative）

线性结构的叙述主要包括六个部分：一是叙述的简要介绍；二是叙述的整体方向性，介绍基本事项，使读者基本了解现象、事件或问题；三是故事的转折部分，描述研究的现象、事件或问题中出现的冲突或问题；四是对研究现象、事件或问题的评估，让读者能够明确研究的重要性；五是故事的结果，重点描述如何解决第三部分中出现的冲突或问题；六是描述的归纳，标志着叙述的结束。

线性结构限制了叙述的组织方式，使读者只能用线性结构视角来理解叙述，存在一定的局限性。

【关联条目】

非线性结构的叙述

【参考文献】

苏敬勤，崔淼. 工商管理案例研究方法［M］. 北京：科学出版社，2011：104 - 106.

◆非线性结构的叙述（Non - Linear Structure Narrative）

非线性结构叙述的基本内容包括文化背景、对话、人物展现以及结构和内容的混合体，应以问答的形式进行组织，而案例研究草案中的研究问题作为叙述的组织结构，提供了一个很好的可供选择的模板。

【关联条目】

线性结构的叙述

【参考文献】

苏敬勤，崔淼. 工商管理案例研究方法［M］. 北京：科学出版社，2011：104 - 106.

◆ 解释性知识 （Interpretive Knowledge）

解释性知识是指与影响、原因或推动力（动力条件和行为、事件的因果关系）相关的知识。解释性知识用于了解事实、行为及事件发生的原因、形态、条件及推动力。案例分析中常见的动力研究、转折点研究、比较历史研究以及传导机制研究等大多属于解释性知识。

【关联条目】

理解性知识

【参考文献】

张静．案例分析的目标：从故事到知识［J］．中国社会科学，2018（8）：126－142，207.

◆ 理解性知识 （Comprehensible Knowledge）

理解性知识是指特定条件下行为的特点、内涵和意义知识，理解性知识常出现于人文取向的分析作品中。理解性知识与解释性知识的不同点在于，解释性知识的重点是说明与行为相关的原因，而理解性知识的重点是了解社会行为的特征及意义。这些特征和意义可以是一般性的，也可以是特殊性的。

【关联条目】

解释性知识

【参考文献】

张静．案例分析的目标：从故事到知识［J］．中国社会科学，2018（8）：126－142，207.

◆ 理论构建（Building Theory）

理论构建是指通过案例研究帮助研究者进行研究设计、揭示深藏于演化的、复杂的现象之后的规律，从而深化（Elaboration）、繁衍（Proliferation）、竞争（Competition）、集成（Integration）理论（Wagner 和 Berger，1985）。其中，深化是指研究者构建或涌现新理论；繁衍是指研究者将其他领域中的理论或思想，引入一个新的或在不同问题中产生新理论；竞争是指研究者针对已存在的理论提出与之相对的新的解释，从而创造新理论；集成是指研究者基于两个及两个以上的已有理论创造出新理论模型（Wagner 和 Berger，1985；毛基业和李晓燕，2010）。

Eisenhardt（1989）提出了从案例研究中构建理论的多案例研究步骤，具体包括：一是准入，定义研究问题；二是选择案例，采用理论抽样；三是准备工具和拟定草案；四是进入现场，进行数据采集；五是分析数据，进行案例内分析和跨案例分析；六是形成假设；七是文献审查；八是准备结束，达到理论饱和时结束。

加强理论应用能力是提高管理案例研究水平的重中之重，案例研究应将理论概念嵌入案例故事中，并在案例升华过程中对理论做出贡献。

【关联条目】

理论贡献

【参考文献】

［1］毛基业，李晓燕．理论在案例研究中的作用——中国企业管理案例论坛（2009）综述与范文分析［J］．管理世界，2010（2）：106-113，140.

［2］Eisenhardt K M. Building theories from case study research.［J］. Academy of Management Review，1989，14（4）：532-550.

［3］Wanger D G，Berger J. Do Sociological theories grow?［J］. American Journal of Sociology，1985，90（4）：697-728.

◆ 理论贡献 （Theoretical Contribution）

案例研究的理论贡献是指在与文献对话的基础上，对比研究结论与现有研究进展，提出研究结论对现有研究不足的弥补，这是高质量案例研究论文的必要条件（毛基业和苏芳，2016）。

Colquitt 和 Zapata – Phelan （2011） 提出可从理论构建和理论检验两个维度定量评估实证研究的理论贡献。其中的理论检验维度更适合定量研究，因为案例研究的主要目的是构建理论。理论构建的贡献从高到低的五个级别分别是：引入新构念（或显著地重新构建了现有构念）、对先前尚未探寻过的关系或过程的研究、在现有关系或过程中引入新的中介（用机制）或者调节变量（情境因素）、考察早期理论构建过程主体的影响，以及对以往解释过的效应进行的重复研究。

【关联条目】

理论构建

【参考文献】

［1］毛基业，苏芳．案例研究的理论贡献——中国企业管理案例与质性研究论坛（2015）综述［J］．管理世界，2016（2）：128－132.

［2］Colquitt J A，Zapata – Phelan C P．管理研究中理论构建与理论检验水平的变化趋势：基于《美国管理学会学报》50 年历程的分析［J］．管理世界，2011（6）：101－110.

十

其他相关篇

◆ 质性研究（Qualitative Research）

质性研究是一种社会科学领域常见的研究方法，是指针对特定环境中自然发生的社会现象，运用社会行为者的意义来理解现象（Denzin 和 Lincoln，1994；Gephart，2004），即研究者参与观察该社会现象并进行整体性理解与解释（苏芳，2013）。常见的质性研究有案例研究（Case Study）、民族志（Ethnographic）和扎根理论（Grounded Theory）三类方法。

类似地，定性研究方法（Qualitative Research）是一种运用质性数据（Qualitative Data）开展相关研究的方法（苏敬勤和崔淼，2011；原长弘和章芬，2014）。定性研究方法起源于人类学（Anthropology），20 世纪前期被引入到包括工商管理在内的其他社会科学研究领域中，多用于揭示表象下的深层次原因以及对政策进行评估等。

【关联条目】

案例研究

【参考文献】

[1] 苏芳，黄江明. 质性研究设计与写作的若干策略——"中国企业管理案例与质性研究论坛（2012）"会议综述 [J]. 管理世界，2013（2）：136-140.

[2] 原长弘，章芬. 战略管理学的混合方法研究：设计策略与技巧 [J]. 科学学与科学技术管理，2014，35（11）：28-39.

[3] 苏敬勤，崔淼. 工商管理案例研究方法 [M]. 北京：科学出版社，2011：3-4.

[4] Denzin N K. Introduction：Entering the field of qualitative research [M]. Handbook of Qualitative Research，1994.

［5］Gephart R P. Qualitive Research and the Academy of Management Journal ［J］. Academy of Management Journal，2004，47（4）：454－462.

◆案例研究情境化构念

（Situational Construct in Case Study）

案例研究情境化构念是指案例研究问题对情境的敏感性程度决定了情境因素在案例研究中的嵌入模式与作用机理，为了理解情境因素在案例研究中的作用，发掘、分析并构建合适的情境化构念至关重要（苏敬勤和刘静，2014；毛蕴诗等，2009）。

按照情境敏感性程度的高低，可将情境化构念在案例研究中的嵌入模式归结为 4 种类型，即自变量式情境构念、因变量式情境构念、中介变量式情境构念和调节变量式情境构念，相较而言，前两种情境化构念的敏感性程度较高，后两种情境化构念的敏感性程度较低。

基于不同学科对情境的相关研究，情境具有如下特征：第一，客观性。情境客观存在于企业中，是形成企业错综复杂现象的根本原因和解释基础。

第二，多样性和复杂性。情境的表现形式复杂多样，包括物质因素、非物质因素、自然因素及社会因素等。由于研究视角或研究主题的不同，研究者对情境的表现形式有不同的理解和阶段，在其研究中侧重描述某一层面表现形式的情境因素，或强调某一层面情境因素的影响效用。

第三，相对性。从情境的哲学思想基础（转换论）可以得出情境具有相对性的特点，任何情境范畴的确定必有与之相对应或相比较的参照情境，如对中国情境独特性的理解是与国外情境相比较得出的认知。

第四，动态性。情境是动态变化的，不仅包括主客观因素之间的现在的交互影响，而且包括这些因素过去与现在的交互影响。

【关联条目】

情境构念属性、情境环境属性

【参考文献】

［1］毛蕴诗，姜岳新，莫伟杰．制度环境、企业能力与 OEM 企业升级战略——东菱凯琴与佳士科技的比较案例研究［J］．管理世界，2009（6）：135－145.

［2］苏敬勤，刘静．情境视角下的案例研究——基于国内外案例研究范文分析［J］．管理学报，2014，11（6）：788－818.

◆ 情境构念属性 （Situational Constructive Attributes）

情境构念属性是指基于情境提出的具有情境化特点的理论构念（苏敬勤和刘静，2014），这类案例研究是"对情境敏感的"，它们把现有文献中得出的概念模型或理论发现作为研究的出发点，把情境因素作为理论模型中的自变量、中介变量和调节变量。这类研究产生的知识能够与国际主流范式、知识形成较好联系，但也会受到最初指导理论的限制。情境的构念属性主要有三种表现形式。

第一，情境构念作为自变量。一是作为预测变量的情境构念。例如，毛蕴诗等（2009）以中国东南沿海地区推进"加工贸易企业升级"为背景，从市场环境、技术创新环境和技术联盟与合作关系三个角度理解 OEM 企业的制度环境，并将其作为预测变量构建制度环境、企业能力与 OEM 企业升级战略的作用模型。二是作为结果变量的情境构念。例如，徐细雄等（2011）探讨中国特定文化背景与社会转型过程中新生代农民工的心理诉求特征，通过研究组织支持契合对组织承诺的影响作用得出新生代农民工的治理模式。

第二，情境构念作为中介变量。一是影响自变量与因变量作用关系的中介变量。例如，张闯等（2009）将农村社会人际关系作为交易关系与交易绩效的中介变量，利用跨案例研究得出农产品交易关系中"社会维度"的重要性。二是发现自变量与因变量之间的作用关系。例如，陈信元等（2006）以刘永行"炼铝"的案例考察政府管制与企业垂直整合间的关系，提出了政府管制通过改变市场交易成本、企业内部组织成本而影响企业的垂直整合策略。

第三，情境构念作为调节变量。一是使理论的预测作用方式发生改变。例如，XIAO 等（2007）基于西方的结构洞理论，以不同的文化背景为调节变量对四家高科技企业进行案例研究，研究发现，由于美国和中国的文化差异，结构洞对员工职业成功的影响呈现截然相反的作用效果。二是使理论的预测作用效果受到影响。例如，汤谷良等（2009）对中外合资企业的文化陈述受中外各方母公司文化陈述的影响程度进行案例研究，发现中方母公司的文化影响力低于其在合资企业中的股权比例，这一研究结论异于先前学者"母公司文化更占主导"的研究发现。

【关联条目】

案例研究情境化构念、情境环境属性

【参考文献】

[1] 陈信元，黄俊. 政府管制与企业垂直整合——刘永行"炼铝"的案例分析

［J］. 管理世界，2006（2）：134－138，169.

　　［2］毛蕴诗，姜岳新，莫伟杰. 制度环境、企业能力与 OEM 企业升级战略——东菱凯琴与佳士科技的比较案例研究［J］. 管理世界，2009（6）：135－145，157.

　　［3］苏敬勤，洪勇. 追赶战略下中国制造业的技术能力提升——以中国华录·松下公司视听设备产业发展为例［J］. 公共管理学报，2008（4）：26－35，123－124.

　　［4］苏敬勤，刘静. 情境视角下的案例研究——基于国内外案例研究范文分析［J］. 管理学报，2014，11（6）：788－792，818.

　　［5］汤谷良，夏怡斐. 母公司文化控制力：中外合资企业文化陈述的差异与融合——基于中外合资汽车公司的多案例比较［J］. 管理世界，2009（S1）：65－74，132.

　　［6］田志龙，邓新明，Taeb Hafsi. 企业市场行为、非市场行为与竞争互动——基于中国家电行业的案例研究［J］. 管理世界，2007（8）：116－128.

　　［7］王凤彬，陈公海，李东红. 模块化组织模式的构建与运作——基于海尔"市场链"再造案例的研究［J］. 管理世界，2008（4）：122－139，187.

　　［8］徐细雄，淦未宇. 组织支持契合、心理授权与雇员组织承诺：一个新生代农民工雇佣关系管理的理论框架——基于海底捞的案例研究［J］. 管理世界，2011（12）：131－147，169.

　　［9］张闯，夏春玉，梁守砚. 关系交换、治理机制与交易绩效：基于蔬菜流通渠道的比较案例研究［J］. 管理世界，2009（8）：124－140，156，188.

　　［10］Danaher P J, Arweiler N. Customer satisfaction in the tourist industry：A case study of visitors to New Zealand［J］. Journal of Travel Research，1996，35（1）：89－93.

　　［11］Sharma S. Managerial interpretations and organizational context as predictors of corporate choice of environmental strategy［J］. Academy of Management Journal，2000，43（4）：681－697.

　　［12］Syed J. A context－specific perspective of equal employment opportunity in Islamic societies［J］. Asia Pacific Journal of Management，2008，25（1）：135－151.

　　［13］Xiao Z, Tsui A S. When brokers may not work：The cultural contingency of social capital in Chinese high－tech firms［J］. Administrative Science Quarterly，2007，52（1）：1－31.

◆情境环境属性（**Situational Environment Attributes**）

　　情境环境属性是指将环境理解为情境因素，这是研究者根据其研究主题的需要所选择的理解情境的视角，与此前强调"情境不等同于环境"的观点并不矛盾（苏敬勤和刘静，2014）。这类研究主要是对不同环境背景下的独特现象进行比较研究，这些研究不是对现有研究的简单复制，而是引入了独特的环境特征，以检验现有理论在不同的环境背景中是否适用，或是实现对现有理论的拓展和完善。

第一，基于国家环境考虑情境因素，利用国家特征的不同，研究组织或个人某些现象的不同，具体包括：一是检验现有理论在不同的国家情境中是否适用。例如，SYED（2008）从特殊情境的视角探讨伊斯兰社会中的平等就业机会，与西方已有关于平等就业的相关研究进行对比，得出伊斯兰平等就业机会实施效果较差，原因在于保护性法律边缘化及国际法律和国家政策的缺失。二是对现有理论的拓展和完善。例如，田志龙等（2007）认为传统的企业竞争互动理论并不能很好地解释中国企业的竞争行为，因此，以中国转轨时期的经济特征为情境，选择中国家电行业企业为例探讨中国企业竞争行为的特征，并得出市场行为与非市场行为间的互动特征及其规律，从而将现有的以市场为核心的竞争互动研究拓展到非市场领域。

第二，基于产业环境考虑情境因素，利用产业特征的不同，研究组织或个人某些现象的不同，具体包括：一是检验现有理论在不同产业情境中是否适用。例如，Dana-her等（1996）基于对文献的回顾提出已有关于客户满意度理论的研究并没有针对旅游业的行业特征进行细化，因此，以旅游业为基础，选取该行业的案例作为研究对象探索旅游业客户满意度的关键要素，即交通、住宿、户外活动和旅游景点。二是对现有理论的拓展和完善。例如，苏敬勤等（2008）认为比较优势逐渐丧失以及发达国家的压制构成了中国制造业产业环境的特殊情境，与西方已有成熟理论的对话中发现在此特殊产业背景下的后发国家技术能力提升存在理论缺失，以此为基础基于案例研究提出了追赶战略下中国制造业技术能力提升的路径，该研究拓展了技术能力提升的相关理论。

第三，基于组织环境考虑情境因素，利用组织特征的不同，研究组织或个人某些现象的不同，具体包括：一是检验现有理论在不同产业情境中是否适用。例如，王凤彬等（2008）研究发现，哈默等西方学者所提倡的"业务流程再造"（BPR）在模块化组织环境中并不适用，模块化组织的流程整合是在初始架构设计完成后在"过程"中逐渐实现的，能够增强战略过程柔性，而流程型组织则在设计时就实现了流程整合。二是对现有理论的拓展和完善。例如，Shamrma（2000）研究环境战略时发现，组织内部因素对环境战略的影响作用因组织差异性而具有不同的表现特征，该研究拓展了环境战略的相关理论。

【关联条目】

案例研究情境化构念、情境构念属性

【参考文献】

［1］陈信元，黄俊. 政府管制与企业垂直整合——刘永行"炼铝"的案例分析［J］. 管理世界，2006（2）：134-138，169.

［2］毛蕴诗，姜岳新，莫伟杰．制度环境、企业能力与 OEM 企业升级战略——东菱凯琴与佳士科技的比较案例研究［J］．管理世界，2009（6）：135 – 145，157.

［3］苏敬勤，洪勇．追赶战略下中国制造业的技术能力提升——以中国华录·松下公司视听设备产业发展为例［J］．公共管理学报，2008（4）：26 – 35，123 – 124.

［4］苏敬勤，刘静．情境视角下的案例研究——基于国内外案例研究范文分析［J］．管理学报，2014，11（6）：788 – 792，818.

［5］汤谷良，夏怡斐．母公司文化控制力：中外合资企业文化陈述的差异与融合——基于中外合资汽车公司的多案例比较［J］．管理世界，2009（S1）：65 – 74，132.

［6］田志龙，邓新明，Taeb Hafsi．企业市场行为、非市场行为与竞争互动——基于中国家电行业的案例研究［J］．管理世界，2007（8）：116 – 128.

［7］王凤彬，陈公海，李东红．模块化组织模式的构建与运作——基于海尔"市场链"再造案例的研究［J］．管理世界，2008（4）：122 – 139，187.

［8］徐细雄，淦未宇．组织支持契合、心理授权与雇员组织承诺：一个新生代农民工雇佣关系管理的理论框架——基于海底捞的案例研究［J］．管理世界，2011（12）：131 – 147，169.

［9］张闯，夏春玉，梁守砚．关系交换、治理机制与交易绩效：基于蔬菜流通渠道的比较案例研究［J］．管理世界，2009（8）：124 – 140，156，188.

［10］Danaher P J, Arweiler N. Customer satisfaction in the tourist industry：A case study of visitors to New Zealand［J］. Journal of Travel Research, 1996, 35（1）：89 – 93.

［11］Sharma S. Managerial interpretations and organizational context as predictors of corporate choice of environmental strategy［J］. Academy of Management Journal, 2000, 43（4）：681 – 697.

［12］Syed J. A context – specific perspective of equal employment opportunity in Islamic societies［J］. Asia Pacific Journal of Management, 2008, 25（1）：135 – 151.

［13］Xiao Z, Tsui A S. When brokers may not work：The cultural contingency of social capital in Chinese high – tech firms［J］. Administrative Science Quarterly, 2007, 52（1）：1 – 31.

◆验证型运用模式（Verified Operating Mode）

验证型运用模式即"先理论构建 + 后案例论证"的模式，旨在验证、补充、修正理论命题。其具体运用过程是在收集、整理相关文献的基础上，运用相关理论和研究方法加以思辨和理论推导，从而提出新颖的理论框架（命题）或构建具有一定创新性的理论模型，之后选取与之相匹配的案例（单个或多个）对其进行验证。验证型运用模式的侧重点和创新点在基于文献综述，通过思辨和理论推导提出创新性理论框架、理论命题或理论模型，并能选取匹配的案例予以验证，以达到"自圆其说"的目标。验证性运用模式的学生大多是中层群体（如硕士、博士）。

【关联条目】

描述型运用模式、探索型运用模式

【参考文献】

苏敬勤，李召敏．案例研究方法的运用模式及其关键指标［J］．管理学报，2011，8（3）：340－347.

◆描述型运用模式（Descriptive Application Mode）

描述型运用模式即"基于扎根理论的案例描述"，模式的目标重在对人、事件或情景的概况做出准确的描述，以期望揭示新问题和新现象。它不以构建理论为直接目的，主要以提供研究所需的素材。此模式的运用过程是，基于扎根理论，重点通过描述典型案例揭示新问题和新现象。描述型运用模式的关键在于，基于扎根理论，运用各种分析方法能准确地对案例进行描述。其侧重点和创新点在揭示新问题或新现象，对案例做准确的描述。描述型运用模式的研究者分布在各个研究层次，较为广泛。

【关联条目】

验证型运用模式、探索型运用模式

【参考文献】

苏敬勤，李召敏．案例研究方法的运用模式及其关键指标［J］．管理学报，2011，8（3）：340－347.

◆探索型运用模式（Exploratory Application Mode）

探索型运用模式即"先案例探索＋后理论升华"的模式，重点在于对企业的新实践和客观事实进行探索，以挖掘创新性理论。其模式运用过程分为两种：一是围绕研究问题进行相关文献和理论的收集和整理，以提出分析思路或找到切入点，在此基础上选取和收集案例（单个或多个）进行探索性分析、总结和提炼，之后基于案例的探索发现再进行理论上的升华。二是在相关研究问题的相关文献和理论收集整理的基础上，选取典型案例进行理论构架，探索创新性概念模型或者理论假设，在此基础上设计新的量表，通过问卷发放、数据处理和分析验证模型和假设。探索型运用模式的关键在于对案例的总结和提炼以及理论的升华，侧重点和创新点在于在案例分析的基础上发现企业实践中产生的新事实、新实践、新思想，并在研究发现的基础上进行理论升华。探索性运用模式的使用者大多是经验丰富的高层次群体（如副教授、教授、学术型企业高层管理者等）。

【关联条目】

描述型运用模式、验证型运用模式

【参考文献】

［1］ Yin R K. Case study research：Design and methods（5rd edition）［M］. Los Angeles：Sage Publications，2014：221.

［2］ 苏敬勤，李召敏. 案例研究方法的运用模式及其关键指标［J］. 管理学报，2011，8（3）：340－347.

◆ 完整性原则（Integrity Principle）

完整性原则是指在案例研究中研究者要清晰地交代研究的程序、内容、方法、研究目标、理论贡献和实践启示等（Bommer 等，2007；刘祯，2012）。无论是之于方法还是之于结果的要求，Zhang 和 Shaw（2012）都将完整性放在了首位，他们指出，作者没有完整地交代数据是如何获得的、构念的可操作性定义以及所采用的分析类型是专家在这个部分通常会发现的问题。在数据收集的部分，作者不仅需要陈述做了什么，更需要说明为什么要这样做。

【关联条目】

可信性原则

【参考文献】

［1］ 刘祯. 结果讨论与定性研究的若干差异——AMJ 主编建议综述［J］. 管理

学家（学术版），2012（6）：48 – 62.

[2] Bommer W H, Dierdorff E C, Rubin R S. Does prevalence mitigate relevance? The moderating effect of group – level OCB on employee performance [J]. Academy of Management Journal, 2007, 50（6）：1481 – 1494.

[3] Zhang Y, Shaw J D. Publishing in AMJ—Part 5 Crafting the methods and results [J]. Academy of Management Journal, 2012, 55（1）：8 – 10.

◆可信性原则（Reliability Principle）

可信性原则是指在研究中需要特别说明为什么选择特定的样本非常重要（Bommer 等，2007；刘祯，2012）。在对构念进行分析前，先做关于构念定义的小结。这易于读者阅读，使读者不必翻来覆去寻找各种定义，小结做好了更容易打消读者对于文章的理论与研究内容是否匹配的顾虑。说明为什么要用某种特定的定义，如为何选择某些特征维度用以分析。说清理论模型及数据分析方法的合理性（Zhang 和 Shaw，2012）。

【关联条目】

完整性原则

【参考文献】

[1] 刘祯. 结果讨论与定性研究的若干差异——AMJ 主编建议综述 [J]. 管理学家（学术版），2012（6）：48 – 62.

[2] Bommer W H, Dierdorff E C, Rubin R S. Does prevalence mitigate relevance? The moderating effect of group – level OCB on employee performance [J]. Academy of Management Journal, 2007, 50（6）：1481 – 1494.

[3] Zhang Y, Shaw J D. Publishing in AMJ—Part 5 Crafting the methods and results [J]. Academy of Management Journal, 2012, 55（1）：8 – 10.

◆案例研究的评价（Evaluation of Case Study）

案例研究的评价是指对案例研究的典型性与启发性、可信任性、可推广性、逻辑可靠性和理论饱和度等进行评价（吕力，2012），主要采用主观性评价，具体如表4-0-1所示。由于案例研究的对象是"个体"，而不是"样本"，因此完全不同于实证研究，它不能采用统计学上的信度和效度概念（毛基业和李晓燕，2010）。

表4-0-1 案例研究评价指标

评价指标	具体解释
案例的典型性与启发性	案例研究的目的不是验证已经存在的理论，而是通过归纳方法构建理论，需要具备典型性进行新的理论构建，因此，案例的选取还应具有启发性
可信任性	在案例研究典型性的要求下，研究案例可能是"极端不寻常的典范"，这种典范或多或少会令人"惊异"，在经过研究者的深入剖析后，案例应体现出它令人信服的一面
可推广性	从极端案例中得到的归纳结论至少应该可以部分推广到其他情境中
逻辑可靠性	案例研究为了从特殊的现象中得出理论，必须使用归纳逻辑
理论饱和度	当研究者已经穷尽一切解释或者受制于案例的可获得性时，案例研究达到最高的理论饱和度

【关联条目】

案例研究的规范性、案例研究质量评价

【参考文献】

[1] 吕力. 案例研究：目的、过程、呈现与评价 [J]. 科学学与科学技术管理，2012，33 (6)：29-35.

[2] 毛基业，李晓燕. 理论在案例研究中的作用——中国企业管理案例论坛 (2009) 综述与范文分析 [J]. 管理世界，2010 (2)：106-113，140.

◆案例研究规范性（Norms of Case Study）

案例研究规范性是指在案例研究过程中使用严格的研究程序与科学的工具，以提升研究的信度与效度（潘绵臻和毛基业，2008；毛基业和张霞，2008；原长弘和田元强，2011）。案例研究缺乏规范性是其受到质疑的焦点所在。在案例研究的科学化、规范化方面，Glaser 和 Strauss（1967）、Strauss 和 Corbin（1998）的扎根理论（Grounded Theory），Miles 和 Huberman（1994）的定性数据分析方法，以及 Yin

（2014）和 Eisenhardt（1989）的案例研究方法都做出了卓越贡献，在各类案例研究文献中，他们的研究方法被广为推崇。

案例研究方法的根本目的是使案例研究整个过程的每个步骤都在严格的控制下进行，尽可能避免研究人员的随意性和主观性。这些严格的程序和标准是研究者进行案例研究时的参照，也可以用来评价一项案例研究是否达到了规范化要求。

【关联条目】

案例研究的评价、案例研究质量评价

【参考文献】

［1］Yin R K. Case study Research：Design and Methods（5rd edition）［M］. Los Angeles：Sage Publications，2014.

［2］毛基业，张霞. 案例研究方法的规范性及现状评估——中国企业管理案例论坛（2007）综述［J］. 管理世界，2008（4）：115－121.

［3］潘绵臻，毛基业. 再探案例研究的规范性问题——中国企业管理案例论坛（2008）综述与范文分析［J］. 管理世界，2009（2）：92－100，169.

［4］原长弘，田元强. 怎样规范产学研合作案例研究？［J］. 科学学与科学技术管理，2011，32（11）：27－36.

［5］Dubé L.，Paré G. Rigor in Information Systems Positivist Case Research：Current Practices，Trends and Recommendations［J］. MIS Quarterly，2003，27（4）：597－636.

［6］Eisenhardt K M. Building theories from case study research.［J］. Academy of Management Review，1989，14（4）：532－550.

［7］Glaser B，Strauss A. The Discovery of Grounded theory：Strategies of Qualitative Research［M］. London：Wiedenfeld and Nicholson，1967.

［8］Miles M B，Huberman A M. Qualitative Data Analysis：An Expanded Sourcebook［M］. Beverly Hills，CA：Sage Publications，1994.

［9］Strauss A，Corbin J. Basics of Qualitative Research：Techniques and Procedures for Developing Grounded Theory，Second edition［M］. Newbury Park：Sage Publications，1998.

◆案例研究质量评价（Quality Evaluation of Case Study）

案例研究质量评价是指为提升案例研究的贡献而建立的评价（Yin，2014）。案例研究方法有其特定的适用范围，其显著的优势体现在理论构建方面，需要对案例研究的质量进行评价（王梦洺和方卫华，2019）。

案例研究质量评价包括案例研究信度、构建效度、内在效度、外在效度检验，以及与已有文献进行对比分析（王梦洺和方卫华，2019）。研究信度与效度评价是主要的定量研究评价标准，而案例研究信效度评价无法像定量研究那样精确，因而用这套标准严格评价案例研究结论未必合适。由于案例研究方法主要用于理论构建，因而在进行案例研究质量评价时，除使用信效度标准外，还有必要将案例研究得出的结论与原有文献进行对比分析，并对差异之处进行解释，以便详细展现案例研究的理论贡献——文献比较是理论构建型案例研究的点睛之笔。

【关联条目】

案例研究的规范性、案例研究的评价

【参考文献】

［1］Yin R K. Case study Research：Design and Methods（5rd edition）［M］. Los Angeles：Sage Publications，2014：221.

［2］王梦洺，方卫华. 案例研究方法及其在管理学领域中的应用［J］. 科技进步与对策，2019，36（5）：33-39.

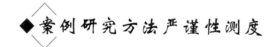

◆案例研究方法严谨性测度

（Measuring in Rigor of Case Study）

案例研究方法严谨性测度是一个结合研究者个人体会与严谨性方法论学习的综合测量过程，是个艰难而又极具挑战性的问题（刘庆贤和肖洪钧，2010）。提升案例研究方法严谨性的关键步骤在于研究设计方案、数据收集、数据分析这三个阶段，具体测度指标如表4-0-2所示。

表4-0-2　案例研究方法严谨性测度指标

维度	具体指标	环节	属性	
研究设计	外部效度	研究问题部分	清晰的研究问题 研究问题的类型	
		理论基础部分	无	干净的理论白板

续表

维度	具体指标	环节		属性
研究设计	外部效度	理论基础部分	有	相关理论被陈述 基于理论的假设被陈述 运用竞争性理论 构念的先验解释
		案例设计部分	案例数目	单一案例设计 多案例设计及复制法则
			分析单元	
	信度	案例背景部分	背景描绘	行业背景、财务数据等花在现场的时间
			纵向设计	案例研究对象时段
		作者部分	作者数目	单一研究者 多位研究员的不同作用
数据收集	信度	案例研究草案		
	构念效度	过程部分	数据收集过程的解释	
		途径部分	文献	内部报告、年报会议纪要、新闻等
			档案记录	
		定性和定量分析的融合	访谈	受访者确定、数目访谈大纲及前测试访谈数据记录
			调查问卷	
		数据三角形	观察	参与性观察数据 直接性观察数据
			人工制品	
		核实部分	关键信息提供者审查草稿 研究同行审查草稿	
	信度	结果部分	案例研究数据库	
	效度		使用试验案例进行预试	
数据分析	构念效度	过程部分	数据分析程序的说明 总的分析策略 灵活的且机会性的过程	
		编码和效度检验部分	现场笔记 可行的编码方案 编码方案的效度 原始数据的编码	
		数据呈现		

续表

维度	具体指标	环节	属性	
数据分析	内部效度	分析技术部分	案例内分析模式	模式匹配 解释构建 时间序列分析 逻辑模型
		跨案例模式		
	构念效度	合乎逻辑的证据链		
	内部效度	理论三角形		
	信度	组织的实际名称		

【关联条目】

信度、效度、案例研究质量评价

【参考文献】

刘庆贤，肖洪钧. 案例研究方法严谨性测度研究［J］. 管理评论，2010，22（5）：112－120.

◆定性比较分析（Qualitative Comparative Analysis，QCA）

定性比较分析结合了定性分析和定量分析的优点，是由案例研究专家 Ragin（1987）在 20 世纪 80 年代率先发展的多案例研究领域的一种子方法。QCA 方法的分析逻辑类似一般性的多案例研究，以对比和复制为基本方法。但 QCA 方法能够系统分析中小样本数据，其案例研究样本的数量一般≤50，数量大于一般性的多案例研究样本。科学实验的结果表明，由于研究者认知能力的限制，研究者能够处理的个案数量上限是 50。当所需个案的数量＜10 时，研究人员可以使用图表的形式表示构造与条件之间的关系，标识出每个构造维度下的案例样本情况。

QCA 从整体视角出发，开展案例层面比较分析，以案例为条件变量"组态"，通过案例间的比较，探索条件组态与结果间复杂的因果关系。

基于布尔代数方法，QCA 可以给出具体的计算公式：构造维度数量 = 2^n，其中 n 表示条件的数量。每一个构造维度下至少需要对 1 个案例开展研究，所以 QCA 方法中案例研究样本的数量多于条件数量的指数。案例样本的数量在 QCA 方法中，理论上可以是无限多的。

根据变量类型，可将 QCA 分为清晰集定性比较分析（cs QCA）、多值定性比较分析（mv QCA）以及模糊集定性比较分析（fs QCA）。

【关联条目】

案例研究

【参考文献】

［1］杜运周，贾良定．组态视角与定性比较分析（QCA）：管理学研究的一条新道路［J］．管理世界，2017（6）：155 – 167.

［2］苏敬勤，崔淼．工商管理案例研究方法［M］．北京：科学出版社，2011：60.

［3］Ragin C C. The comparative method：Moving beyond qualitative and quantitative strategies［M］．Oakland：University of California Press，2014.

◆ 清晰集定性比较分析（csQCA）

清晰集定性比较分析是在 20 世纪 80 年代后期由 Charles Raging 和程序员 Kriss Drass 开发的第一周 QCA 技术。csQCA 以布尔代数为特定语言，仅使用二进制数据，具有处理复杂的二进制数据的优点。但由于只能处理二分类变量，因而具有一定的局限性，所以经常会造成变量信息的丢失以及产生矛盾组态（Contradictory Configurations），从而增加了分析难度和挑战。

当矛盾组态出现时，会产生逻辑上的矛盾。同一组态内的一些观测案例结果为1，另一些为 0。产生矛盾组态的一个原因是在 csQCA 分析技术中强制使用二分类变量，导致不同原始值的两个案例被赋予同一布尔代数值（1 或者 0），或者具有十分接近的原始值的案例被赋予了不同的布尔代数值。

在 csQCA 中，可能的组态数量公式为｜k｜ = 2^n，其中 n 是条件数量，｜k｜是可能的组态数量。运用 csQCA 方法具有 6 大步骤，即构建二分数据表、构造"真值表"、解决矛盾组态、布尔最小化、纳入"逻辑余项"案例及解释。其中布尔最小化是 csQCA 的核心。

【关联条目】

定性比较分析、多值定性比较分析、模糊集定性比较分析

【参考文献】

［1］伯努瓦·里豪克斯，查尔斯·C. 拉金. QCA 设计原理与应用［M］. 北京：机械工业出版社，2017：31 –59.

［2］杜运周，贾良定. 组态视角与定性比较分析（QCA）：管理学研究的一条新道路［J］. 管理世界，2017（6）：155 –167.

◆ 多值定性比较分析（mvQCA）

多值定性比较分析使用多值分类，也即允许条件和、或结果为多值名义变量。mvQCA 是 csQCA 的拓展，它保留了执行综合的数据集的主要原则，促使一个简约解能够覆盖同结果值的案例。但是 mvQCA 和 csQCA 共同的方法基础是清晰集和真值表（Truth Table），决定了它们只适合处理类别问题，也即案例只能被分配到分类变量的某一个类别中。mvQCA 适合处理多分类名义变量，在一定程度上提升了对定距、定比变量进行布尔赋值的精确性，因此适合处理多类别现象。两者最主要的区别在于符号和最小化规则。在 mvQCA 中数据具有更高的复杂性，逻辑上组态数更大，其组态数公式为 $|k| = \prod_{i=0}^{n} V_i$，对于在 mvQCA 数据集中的逻辑组态数量的获取，要求所有条件的可能值数量必须相乘。

【关联条目】

定性比较分析、清晰集性比较分析、模糊集定性比较分析

【参考文献】

［1］伯努瓦·里豪克斯，查尔斯·C. 拉金. QCA 设计原理与应用［M］. 北京：机械工业出版社，2017：62 –63

［2］杜运周，贾良定. 组态视角与定性比较分析（QCA）：管理学研究的一条新道路［J］. 管理世界，2017（6）：155 –167.

［3］李蔚，何海兵. 定性比较分析方法的研究逻辑及其应用［J］. 上海行政学院学报，2015，16（5）：92 –100.

［4］Ragin C C. Redisigning social inquiry：Fuzzy sets and beyond［J］. Social Forces，2010，88（4）：1936 –1938.

［5］Ragin C C. Redesigning social inquiry：Fuzzy setsand beyond［M］. Chicago：University of Chicago Press，2008.

◆模糊集定性比较分析（fsQCA）

由于真值表仅适用于解决二分类条件或多值条件的局限性，许多在程度或水平上变化的条件得不到解决；而模糊集定性比较分析（fsQCA）的出现进一步提升了分析定距、定比变量的能力，使 QCA 不仅可以处理类别问题，也可以处理程度变化的问题和部分隶属的问题，即案例原有的等距刻度的数据被转化为一个介于 0（Non-membership）与 1（Full Membership）之间的模糊隶属得分，避免了二分类数据的局限性。并且 fsQCA 通过将模糊集数据转换为真值表，保留了真值表分析处理定性数据、有限多样性、简化组态以及更加透明的优势，使 fsQCA 具有质性分析和定量分析的双重属性（Ragin，2008），也使研究者对于数据分析过程具有更多直接的控制。由于 fsQCA 具有更大的优势，在可能的情况下，研究者应该采用模糊集方法校准定距或定比变量，不应人为地把定距、定比变量简单处理为类别变量。

【关联条目】

定性比较分析、多值定性比较分析、清晰集定性比较分析

【参考文献】

［1］伯努瓦·里豪克斯，查尔斯·C. 拉金. QCA 设计原理与应用［M］. 北京：机械工业出版社，2017：62 - 63

［2］杜运周，贾良定. 组态视角与定性比较分析（QCA）：管理学研究的一条新道路［J］. 管理世界，2017（6）：155 - 167.

［3］李蔚，何海兵. 定性比较分析方法的研究逻辑及其应用［J］. 上海行政学院学报，2015，16（5）：92 - 100.

［4］Ragin C C. Redisigning social inquiry：Fuzzy sets and beyond［J］. Social Forces，2010，88（4）：1936 - 1938.

［5］Ragin C C. Redesigning social inquiry：Fuzzy setsand beyond［M］. Chicago：University of Chicago Press，2008.

◆混合研究方法（Mixed Methods Research，MMR）

混合方法研究是指在同一研究中综合运用定性与定量研究方法的实证研究方法（苏敬勤和崔淼，2011）。混合案例研究方法（Mixed Case Study Method）是相对于19世纪以来社会科学研究者选用的单一的定性研究法与定量研究法而言的，将混合研究法导入现有质性—实证型案例研究法中便可形成混合案例研究法，选用混合研究法具有选用定性与定量研究两种方法从事研究的优势，又可避免其不足（原长弘和章芬，2014；唐权，2017）。

原长弘和章芬（2014）遵循 Molina – Azorin 采取的国际上通行的混合策略划分标准和符号标示，继承其做法。从定性与定量两种研究的权重、顺序两个维度将各种 MMR 设计策略划分成四个象限，共计 9 种类型。其中，"QUAL、qual"均是 qualitative 的缩写，表示定性研究；"QUAN、quan"均是 quantitative 的缩写，表示定量研究；大写字母表示此方法是主导方法，小写字母表示此方法是辅助方法；"＋"表示定性、定量研究并行实施；"→"表示定性、定量研究串行实施。

【关联条目】

案例研究、定性比较分析

【参考文献】

［1］苏敬勤，崔淼. 工商管理案例研究方法［M］. 北京：科学出版社，2011：3－4.

［2］唐权. 混合案例研究法：混合研究法在质性—实证型案例研究法中的导入［J］. 科技进步与对策，2017，34（12）：155－160.

［3］原长弘，章芬. 战略管理学的混合方法研究：设计策略与技巧［J］. 科学学与科学技术管理，2014，35（11）：28－39.